趣读白居易

青少版

子非◎著

航空工业出版社
北京

内容提要

白居易是唐朝伟大的现实主义诗人，他与元稹共同倡导了新乐府运动。他早年经历了“安史之乱”和唐朝由盛转衰的过程，亲身感受到了社会的动荡和人民的疾苦。他的诗歌中充满了对当时社会的担忧和对人民的同情，不仅具有极高的艺术价值，更为我们了解唐朝社会和文化提供了重要的历史资料。全书叙述了白居易早年求学、初入仕途、遭遇贬谪、中隐生涯等不同阶段的事迹与作品，使读者能够深入了解白居易的生平和诗歌的创作背景。

图书在版编目（CIP）数据

趣读白居易 / 子非著. -- 北京 : 航空工业出版社，2025.3. -- ISBN 978-7-5165-3926-2

I. K825.6-49

中国国家版本馆 CIP 数据核字第 2024R5F574 号

趣读白居易
Qudu Bai Juyi

航空工业出版社出版发行
（北京市朝阳区京顺路 5 号曙光大厦 C 座四层　100028）
发行部电话：010-85672688　010-85672689　读者服务热线：010-85672635

唐山楠萍印务有限公司印刷　　全国各地新华书店经售
2025 年 3 月第 1 版　　2025 年 3 月第 1 次印刷
开本：787×1092　1/16　　字数：130 千字
印张：14.5　　定价：68.00 元

前言

群星璀璨的唐朝在“诗仙”李白、“诗圣”杜甫相继去世后，“诗魔”白居易闪亮登场，他的出现给大唐的诗歌添上了浓墨重彩的一笔。他是唐朝伟大的现实主义诗人，与元稹共同倡导新乐府运动，世称“元白”，与刘禹锡并称“刘白”。

白居易的一生并不平顺。从颠沛流离的漂泊儿童，到名动京城的“最年轻学霸”；从风光无限的翰林学士，到遭遇贬谪的江州司马；从富饶的苏杭刺史，再到寄情山水的香山居士；白居易的每一步都走得那么坚定，那么不凡。明知后果于己不利，他依然向皇帝直言极谏，因此得到了皇帝的信任与赞许；他虽喜文弄墨，但也是吏治与治水能手，每次离任，百姓都十里相送；尽管曾因未登上宰相之位而失落，但是他在关键时刻却能保持清醒，得以在一场政治浩劫中全身而退。

因为早年经历了“安史之乱”和唐朝由盛转衰的过程，白居易亲身感受到了社会的动荡与百姓的

疾苦。他的诗歌中充满了对当时社会的担忧和对人民的同情。几次遭遇贬谪后，他仍然坚持自己的信仰和理想，继续创作诗歌和散文作品。他的诗歌作品不仅具有极高的艺术价值，而且为我们了解唐朝社会和文化提供了重要的历史资料。

本书是一部专为少年儿童读者精心打造的关于唐朝伟大诗人白居易的生动传记。本书以白居易的一生经历为主线，通过丰富的故事情节和幽默的语言风格，展现了这位伟大诗人的成长历程、创作生涯和人格魅力。

本书共分为四个章节，分别叙述了白居易求学、在朝为官、遭遇贬谪、中隐生涯等不同生活阶段的事迹与作品。每个章节都包含多个小节，每个小节都以一个具体的故事为核心，使读者能够深入了解白居易的生平、诗歌创作的背景。

接下来，还等什么，快翻开这本书，和白居易来一场说走就走的“人生大冒险”吧！

目录

漂泊天才的逆袭之路

志在兼济的翰林学士

游离宦海独善其身

寂寞的中隐生涯

漂泊天才的逆袭之路

白家的渊源

战国时期，秦国出现了一位超级厉害的将军。他熟知兵法，善于用兵，先后大破魏韩联军、攻克楚都郢城、连续攻取韩魏领土，无敌的战绩让六国闻风丧胆。秦昭襄王四十七年（公元前260），他率秦军在长平（今山西省晋城高平市西北）一举击败了当时最强的赵国军队，为秦国统一六国奠定了坚实的基础。此人便是“杀神”武安侯白起。后来，秦王听信谗言，怀疑战功赫赫的白起有二心。白起心灰意冷，在陕西咸阳西门外的杜邮亭拔剑自刎。嬴政（秦始皇）即位后，时刻不忘白起的功劳，不仅给白起平反，还把太原封给了白起的儿子白仲。由此，白氏一支便在太原扎根，后来发展成为名门望族。

白居易为祖父白锽、父亲白季庚迁葬时，在撰写的《太原白氏家状二道》中写道，自己的祖先就是大名鼎鼎的白起（这一说法暂无可靠的史料依据）。

根据白居易的叙述，白氏家族在太原繁衍生息，一代接着一代。虽然家族辉煌不再，但每一代都努力传承振兴家族的使命。到了第二十三代，白氏家族终于迎来了高光时刻，一个叫白邕的人，成了后魏的太原太守。五代之后，白氏家族一个叫白健的人当上了北齐的五兵尚书，皇帝还在韩城（今属陕西渭南）赏了他一块地。就这样，白家从太原搬到了韩城。后来，白健的曾孙白温做了唐朝的朝散大夫和检校都管郎中，于是举家搬迁到了不远的下邽县。就这样，白家在陕西一直延续到了白居易的祖父白鍠这一辈。

白居易的祖父白锽，自幼便痴迷于学习，写得一手好文章。他刚满十七岁时就考上了明经科，先后担任过鹿邑县尉、酸庄县县令、巩县县令等职务。在白锽的安排下，白家迁徙到了河南新郑城西的东郭宅——这里便是白居易的诞生之地。

白居易的父亲白季庚，年纪轻轻便考上了明经科，开始了仕途生涯，并先后担任县尉、县令、州别驾等职务。正所谓“虎父无犬子”，白锽和白季庚不仅在诗文上造诣颇深，在官场上更是清廉正直，如青松般刚正不阿。他们勤政爱民的情怀，如同一盏明灯，照亮了白居易的人生之路，为他树立了绝佳的榜样。

除了祖父和父亲，白居易的外祖父陈润也是一个满腹经纶的诗人，曾任徐州古丰县尉。

可以说，白居易的家庭堪称“世敦儒业”的文学世家。这种良好的家庭环境，如同一座肥沃的花园，孕育着白居易这颗天才的种子；而父辈间浓厚的学习氛围，则如春风化雨般，浸润着白居易幼小的心灵。

趣味延伸

为啥说“三十老明经，五十少进士”

进士科、明经科都是唐朝的考试科别。明经科考经学和时务策，进士科除考经学和时务策以外，还要加考诗赋。唐朝的明经科试帖经，以通经比例决定等第，这里的“经”一般指儒家经典。唐朝开元以来，进士科备受推崇。进士科是常科，考取又最难，每年全国贡举有一两千人参加进士考试，但能考上的仅仅为百分之一，而明经科考试录取率可达十分之一。“三十老明经，五十少进士”的意思就是三十岁考取明经科算是年龄比较大的，而五十岁就能考取进士科却算年轻的。一句话：明经易考，进士难得。

自从贞元之后，唐朝的宰相几乎都是进士出身，所以进士科的地位也成为各科之首，时人称进士及第者为“白衣公卿”。白居易祖父白锽、父亲白季庚考的都是明经科，因此在仕途上很难升迁，只能做县令、郡佐之类的地方官。

南北流离的“神童”

唐代宗大历七年（772）农历正月二十，郑州新郑县东郭宅，一个婴儿呱呱坠地，他就是白居易。

作为那个时代的名人，白居易一出生就自带主角光环。不光祖父和父亲学问很好，白居易的外祖母和母亲也都是有较高文化的知识女性。生在这样的书香门第，白居易每天都能感受到浓浓的文学熏陶。仅仅几个月之后，他就成了当地有名的“神童”。

据说，那时候，白居易才六七个月大，他的乳母抱着他在写有字的屏风前玩耍，并指着上面的“无”字和“之”字给他看。没想到当时还不会说话的白居易已经默默地将这两个字记了下来。后来，当其他人再拿这两个字考他时，他每次都能准确地认出来。认字比说话还早，大家都称赞这孩子太神了！

白居易的名字，是由他祖父白锽起的，意在希望他将来日子过得容易些。不幸的是，白居易出生第二年，他的祖父就去世了。白居易的父亲早年做过萧山县尉、宋州（今河南商丘）司户参军等小官。由于父亲常年在外做官，很少回家，幼年白居易是在外祖母和母亲的教导下成长起来的。

白居易接受启蒙教育较早，加上天资聪颖，三岁就开始读书识字，五六岁时就已经会写诗，九岁时就弄懂了音律。不过和方仲永这样的天才少年不同的是，白居易虽然天分极高，但仍十分努力。

白居易幼年时代，正值“安史之乱”刚平息、强藩割据称雄的时期，各地连年战火，民不聊生。河北、山东、河南一带受害更甚。

在相对太平的河南新郑县，白居易度过了将近十年安稳的时光。他十岁时，安宁的生活戛然而止，取而代之的是举家四下无尽的颠沛流离。这一切，还得从白居易九岁时，父亲白季庚从宋州司户参军转任徐州彭城县县令说起。

徐州自古就是兵家必争之地，唐朝时这里有节度使驻守。唐建中二年（781），徐州节度使李纳反叛，率军围攻徐州。白季庚与徐州刺史李洧一起坚守徐州，并立下汗马功劳，之后被唐德宗升任为徐州别驾。

没想到，徐州的叛乱刚平息，河南又不太平了。淮宁节度使李希烈拥兵哗变，攻占许昌，新郑岌岌可危。为躲避战乱，白季庚把妻儿从新郑县接到了自己的任所——徐州符离（今隶属安徽宿州，唐朝属河南道徐州所辖）。请记住“符离”这个地名，它在历史上很有名，唐贞观五年（631）符离五学子同中进士，轰动长安。后来，白居易也在这儿留下了许多特别的故事。

然而，好景不长，李希烈在攻陷汝州、汴州后，开始围攻郑州，叛军直逼东都洛阳。当时的皇帝唐德宗赶忙逃往奉天。这期间，符离受到战乱威胁，白居易一家在这里也住不安稳了。无奈之下，白季庚决定让全家东迁越中（今浙江绍兴），并将白居易送往越中亲友那里，以求一个稳定的读书环境，白居易当时才十二岁。后来，白居易作诗《宿荥阳》，感怀这段颠沛流离的时光：

生长在荥阳，少小辞乡曲。

迢迢四十载，复向荥阳宿。

去时十一二，今年五十六。
追思儿戏时，宛然犹在目。
旧居失处所，故里无宗族。
岂唯变市朝，兼亦迁陵谷。
独有溱洧水，无情依旧绿。

在唐朝，“荥阳”和今天“郑州”的概念是一样的。白居易时代虽然没有此建制，但文人仍喜欢用荥阳指代郑州。白居易这里所说的“荥阳”实指新郑县，因为诗中“溱洧水”说的就是溱水河、洧水河，这是新郑市区的两条河。

趣味延伸

唐朝大历中兴下的诗人

白居易出生时，李白已去世十年，杜甫也去世两年。当时，大名鼎鼎，写出“天街小雨润如酥”的韩愈已经四岁。与白居易同年出生的大诗人，有写出“谁知盘中餐，粒粒皆辛苦”的李绅，还有才华横溢、有“诗豪”之称的刘禹锡。后来，倡导古文运动的柳宗元，与他年岁相仿的元稹、贾岛也相继出生。中唐需要诗人，白居易恰好生而逢时。

春风吹过，长安花开

相传，十六岁的白居易从江南来到京都长安，初次参加科举考试。那时候，长安人才济济，很多外地才子都会带着自己的诗稿去拜会京城的名士大家，希望借此找到赏识自己的伯乐。

虽然白居易当时在家乡已经很有名，但京城的人鲜少认识他。于是，他带着自己的诗作去拜访著名诗人顾况。顾况入朝前就凭借才华名满天下，但他自视甚高，动辄喜欢嘲笑别人。在看到“白居易”三个字时，顾况便想当然地认为他只是个徒有虚名的官宦子弟，准备随便打发了他，当即用谐音梗调侃起白居易：“长安米价正贵，恐怕是白居不易啊！”

白居易听后却很淡定，他不慌不忙地掏出了自己的诗作：

赋得古原草送别

离离原上草，一岁一枯荣。

野火烧不尽，春风吹又生。

远芳侵古道，晴翠接荒城。

又送王孙去，萋萋满别情。

读完这首诗，顾况立马转变态度，脱口而出：“我以为这个时代文人已经灭绝了，不承想现在又发现了一个你！”他不加掩饰地赞叹道：“道得个语，居即易矣！”意思是，能够写出这样的诗，在这里定居就容易了。自此，白居易的这首诗歌广为流传，一代“诗魔”开始崭露头角。

这则传闻或许不实，但白居易的才华却是货真价实的。在越

中的几年，白居易一直发奋读书。十五岁时，他知道有考取进士可登仕途的事情，开始积极备考，其间还写下了《江南送北客因凭寄徐州兄弟书》《江楼望归》《除夜寄弟妹》等传世诗文。

贞元四年（788），白季庚任满，改任检校大理少卿，兼衢州（今浙江衢县）别驾。当时白居易才十七岁，只能跟着父亲一起搬到了衢州。之后，他有感而发，写下了七绝《王昭君二首》，并且还在一旁标注了“时年十七”：

满面胡沙满鬓风，眉销残黛脸销红。

愁苦辛勤憔悴尽，如今却似画图中。

汉使却回凭寄语，黄金何日赎蛾眉？

君王若问妾颜色，莫道不如宫里时。

作为四大美女之一的王昭君，从古至今被很多文人墨客写诗歌颂，其中包括白居易的偶像“诗仙”李白也写过《王昭君二首》。白居易的作品没有李白那种磅礴的气势，但是，一个十七岁少年能从这一烂熟的题材中，从容不迫地写出惜君、恋君的情怀，同时在诗歌中表达了自己少年的志气，足以看出他的才气。

趣味延伸

最早的“网恋”：顾况与红叶传情

相传，在唐朝天宝年间的一个秋日，顾况在上阳宫外水道的下池（今洛阳市西下池村）边捡到一片红叶，上面写着一名宫女所作的诗句："一入深宫里，年年不见春。聊题一片叶，寄与有情人。"（天宝宫人《题洛苑梧叶上》）顾况见后心生爱意，赋诗一首："愁见莺啼柳絮飞，上阳宫里断肠时。君畴不闭东流水，叶上题诗寄与谁？"（《叶上题诗从苑中流出》）并将红叶传回宫中。此后，他与那位宫女通过红叶传递心声，感情日渐深厚。

"安史之乱"爆发后，顾况趁战乱找到那位宫女，二人一起逃出上阳宫，结为连理，白头偕老。从此，红叶被视为坚贞不渝的爱情象征。这段浪漫的爱情故事也被称为"下池轶事"，流传至今。

少年团“符离六子”

一提到勤勉读书的典型，大家可能会想到孙敬的“头悬梁”、苏秦的“锥刺股”，也可能会想到王羲之的“墨池”和匡衡的“凿壁偷光”，但是很少有人知道白居易小时候也是一个读书十分刻苦的“拼命三郎”。

据说，白居易小时候因为每天长时间读书，曾一度口舌生疮，胳膊肘上也生了老茧，而且年纪轻轻，头发就全都白了。

“物以类聚，人以群分。”白居易的才名传开后，吸引了很多志同道合的读书人。当时住在城内北巷的刘翕习，以及同县的张仲素、张美退、贾握中、贾沅犀，都是符离有名的才子。通常而言，有才华的人总是有些清高与孤傲，但是一群有才华的人聚在一起，就会像烟花遇上了火柴，瞬间就迸发出绚烂的烟火。几番交流后，惺惺相惜的“符离六子”正式成团。

才子们的聚会总是那么朴实无华。他们在流沟寺观云，登上武里山赏花，荡舟陴湖看白鸥，泛游濉水品味红鲤……不需要香车宝马，不需要山珍海味，六个人只需一条船就能够在陴湖中玩

一天，渴了来碗酒解解渴，累了作首诗助助兴。白居易在流沟寺写下了“惟有流沟天下寺，门前依旧白云多”的诗句；在武里山写下了“武里村花落复开，流沟山色应如故”的诗句。这段美好的时光给白居易留下了很多快乐的回忆，以至于多年以后，他还念念不忘。

白居易在《醉后走笔酬刘五主簿长句之赠兼简张大、贾二十四先辈昆季》的诗中写道：

> 刘兄文高行孤立，十五年前名翕习。
>
> 是时相遇在符离，我年二十君三十。
>
> 得意忘年心迹亲，寓居同县日知闻。
>
> ……

如果你以为“符离六子”只是凑在一块儿游山玩水，那就大错特错了。白居易在符离期间与另外五子一起，刻苦读书、勤奋写诗，在游玩中学习，在学习中游玩。这个时期，他写了三四百首诗，其中妇孺皆知的《赋得古原草离别》就是在符离的“濉南古原”上作的。

“符离六子”不仅是学习上的好伙伴，更是人生旅途中难得的挚友、诤友和益友。那几年，他们相继前往长安参加应试。虽然过程充满波折，贾沅犀运气欠佳，连考三年不中，但在白居易

“三年不鸣鸣必大”的鼓励下，最后成功考中。

后来，“符离六子”为了生活各奔东西，但即便相隔天涯，儿时的感情依旧未变。贞元十九年（803），白居易三十二岁，时

任岐阳主簿刘翕习写了一篇《秦中行路吟》寄给他，流露出了归隐的想法。白居易赶紧写诗回赠好友，不仅对其诗文予以高度评价，称“吟之句句披沙金”，还一再鼓励和规劝好友“须知通塞寻常事，莫叹浮沉先后时”“君不见买臣衣锦还故乡，五十身荣未为晚”，足见白居易对这位昔日好友的关爱。刘翕习和贾氏兄弟归隐之后，白居易还多次回符离探望他们。

趣味延伸

符离：白居易一生念念不忘的地方

你知道吗？符离是一个古老的城镇，始建于周，战国时又称“符离塞”，距今已有2000多年历史。作为一个古老的战场，符离背依群山，面临濉河，一直都是兵家必争之地。秦二世元年（公元前209），陈胜、吴广领导的第一次农民大起义就是在符离拉开序幕的。刘邦、项羽符离濉水之战，项羽大败刘邦，十多万刘邦军被杀后扔进濉水里，导致濉水被阻。宋绍兴元年（1131），偏安一隅的宋孝宗任命张浚为都督，主持北伐，金纥石烈志宁率军反攻，双方在符离发生激战……一场场有名的战役，使符离有了“百战道”和“符离古寨”的名号。

别了，父亲！

人有悲欢离合，月有阴晴圆缺。贞元八年（792）九月，白居易年仅九岁的弟弟白幼美（小名金刚奴）突然病逝。正值弱冠之年的白居易，深切地感受到了人生的无常和残酷。家人将白幼美葬在符离濉南的古原上，那里静谧而古老，仿佛是逝者灵魂的归宿。有人猜测，白居易《赋得古原草离别》中的“远芳侵古道，晴翠接荒城。又送王孙去，萋萋满别情”表达的正是对弟弟的思念。

没过多久，白居易的父亲白季庚被调任襄州别驾，一家人只得随迁到了襄州。然而，天有不测风云，白季庚上任两年后病故，这一噩耗再次给白居易带来了巨大的伤痛。

那时的白居易才二十三岁，如果放到现在，就是大学刚毕业正准备步入社会的时期。在这个关键节点，父亲的离世让白居易的世界仿佛蒙上了一层灰色。

由于当时无力搬运灵柩，白居易只能将父亲葬在襄阳县的东津乡南原。虽然无法目睹这一幕，但我们可以想象到他当时的心情。

白居易四十四岁那年，被贬为江州司马，上任的途中路过襄阳。故地重游，他重访旧居。然而，二十多年过去，早已物是人非，只有这深秋的襄江之水依旧烟波渺茫与往日一样。白居易感慨时光易逝，人生无常，于是写下了《再到襄阳访问旧居》。

昔到襄阳日，髯髯初有髭。
今过襄阳日，髭鬓半成丝。
旧游都是梦，乍到忽如归。
东郭蓬蒿宅，荒凉今属谁。
故知多零落，闾井亦迁移。
独有秋江水，烟波似旧时。

可怜他才刚长出毛茸茸的胡须，一直以来像大山一样让他依靠的父亲却猝然离世。白居易感到自己仿佛置身于一片荒凉的原野，四面是荆棘密布的阻碍，他不知道该如何继续前行。他觉得自己仿佛失去了一切，连呼吸都变得困难。然而，在这个绝望的时刻，他突然明白，生命中的悲欢离合，无法避免，只能接受。父亲的离去，又何尝不是他人生中一个新的开始？他知道，只有勇敢面对，才能继续前行，活出自己的精彩。

安葬好父亲后，白居易回到了符离，这个他曾经熟悉的地方。按照当时的丁忧制度，他必须在这里守孝三年，其间不能举行任何庆典，更不能参加应试。

三年间，白居易闭门读书，韬光养晦，将悲痛化为前行的动力。他忘我地在书海中遨游，在文字间细细摸索。书本仿佛是他的精神食粮，让他在孤独的岁月中找到了寄托。即便在寒冷的冬日里，白居易的内心依旧是火热的。

三年时间匆匆而过，白居易的心灵经历了洗礼，才华得到了锤炼。结束丁忧，白居易也迎来了新的开始，他的前路将是怎样的绚丽多彩，让我们拭目以待吧！

趣味延伸

古代的“丁忧”是怎么回事儿

丁忧，又称“丁艰”，是古代遭逢父母之丧的统称。丁忧最早可追溯到西周时期，最开始只是一种习俗。到了汉朝，统治者主张“以孝治天下”，便以法律的形式规定，丁忧期间，子女不得婚娶，不得娱乐，不得生育，不得远游。如果是官员（主要指文官）遭遇丁忧，需要解职回乡守制。凡是违背丁忧规定的人，都会遭到惩处。唐朝有法律明确记录，隐瞒父母丧事，不举哀的人，要被流放两千里。三年丁忧时间没到，提前结束的，要被判处三年徒刑。丁忧制度对官员的仕途影响很大，白居易的好友元稹，在丁忧前时运不济，仅仅担任河南县尉（八品），丁忧后突然时来运转，担任监察御史（六品）。而白居易在母亲去世后，因在丁忧期间作出了被认为不孝的诗遭到迫害被贬（详见后文）。丁忧充满了不确定性，所以，很多人不得不在丁忧期间谨言慎行。

高中进士，最年轻的学霸

白季庚的离去，让这个原本就不富裕的大家庭骤然失去了主要收入来源，加上白家兄弟三年居家丁忧无所进项，一家人的生活变得更加拮据。

好在天无绝人之路。贞元十四年（798），白居易的哥哥白幼文率先打破困局，当上了浮梁县（今江西景德镇北边）主簿。眼看大哥找到了工作，白居易心里痒痒的："我埋头苦读了十余载，又闭关修炼了三年，也是时候出山让大家看看我的实力了。"

白居易把母亲和外祖母从符离安顿到洛阳之后，便单枪匹马地奔向江南，准备闯出一番自己的天地。

当然，白居易出门闯荡可不是头脑一热作出的决定，而是做好了攻略。他准备先到宣州溧水县探望一下当县令的小叔白季康，再去饶州浮梁投奔自己的大哥白幼文。然而想法是好的，过程却是辛酸的。白居易出门前有多意气风发，出门后就有多怅然若失。

一个人的旅程总是伴随着孤独与寂寞。旅途中，白居易望着寂寥的星空，看着连绵的江水，常常会想到自己家贫多故、举步维艰的现状，也会为虚无缥缈、如梦似幻的前程感到迷茫。他似乎既望不到归途，也看不清前路，只能听着风声伴着雨声，将目光投向那远航的孤舟。

这一年，二十七岁的白居易将自己这些年来尝到的生活苦涩

全都融入了《将之饶州江浦夜泊》这首诗中。

明月满深浦，愁人卧孤舟。
烦冤寝不得，夏夜长于秋。
苦乏衣食资，远为江海游。
光阴坐迟暮，乡国行阻修。
身病向鄱阳，家贫寄徐州。
前事与后事，岂堪心并忧？
忧来起长望，但见江水流。
云树霭苍苍，烟波淡悠悠。
故园迷处所，一念堪白头！

孟子说过："天将降大任于是人也，必先苦其心志，劳其筋骨，饿其体肤，空乏其身，行拂乱其所为，所以动心忍性，曾益其所不能。"一路奔波之后，白居易终于看到了曙光。

到达溧水后，他在叔父白季康的安排下参加了县试（"乡试"），并顺利地通过，这就是白居易在《与元九书》中说的"二十七方从乡试"。乡试结束后，因为放心不下缠绵病榻的母亲，白居易又匆匆赶回家中，从诗歌"虽则驱征车而遵归路，犹自流乡泪之浪浪"中，可以看出白居易的一片孝心。

贞元十五年（799），白居易匆匆告别家人，赶赴宣州参加州府考试。当时溧水县隶属宣州，宣歙观察使、宣州刺史崔衍是白季康的上级。有了叔父的引荐，加上确有真才实学，白居易深得宣州刺史崔衍认可，确定为宣州贡生，可以到京城参加进士考试。这里可能有人要怀疑，白居易这算是关系户吗？其实不然，唐朝时州官举荐州贡考生，一旦成绩不佳，州官也要受到朝廷的惩罚和质疑。一旦登榜，州官也会同有荣耀。因此，举荐学子赴京赶考与州官的荣辱密切相关，可不是闹着玩儿的。

按唐朝的科举制度，进士考试一般是头年初冬开始，次年季春完成。白居易在宣城参加完州试后，便马上赶回洛阳，稍作休整，于这年冬天风尘仆仆地奔赴长安，开启了他的逐梦之旅。

虽然白居易做了充分的准备，但第一次参加如此重要的考试，他心中仍不免忐忑不安。贞元十六年（800）春，白居易写了一首《长安早春旅怀》，表达了自己这种忧虑。

考试前夕，为求稳妥的白居易向当时的给事中陈京投递了行卷，并写了一封长信《与陈给事书》。在信中，他写道，“今给事鉴如水镜，言为蓍龟，邦家大事，咸取决于给事，岂独遗其微小乎”“可与进也，乞诸一言”，表达了自己对陈给事的敬仰和对未来的期待。虽然语言不卑不亢，但也体现了他当时忐忑不安的心理。

经过几番残酷的淘汰，礼部的外墙终于贴出了中榜考生的名单。白居易以第四名的成绩考中了进士，并且是同榜考上进士的十七人中年龄最小的。新科进士参加完皇帝的曲江宴后，会一起到长安曲江北面的慈恩寺塔上题写自己的名字。当时，白居易潇洒题下“慈恩塔下题名处，十七人中最少年”，一时间风头无两。虽然考试起步较晚，但白居易一口气就考完了，也难怪他这么得意。

趣味延伸

唐朝的行卷制度

应试的举人为了在考官面前留下好印象，增加自己及第的希望，经常将自己的作品择优编成文卷，在考试之前送呈当时在社会上、政治上和文坛上有地位的人，请求他们向主持考试的礼部侍郎推荐。这种做法就叫作“行卷”，在唐朝尤为盛行，基本上想要取得功名的人都这么做。此外，行卷也是除科举制度之外，进入仕途的一种途径，即便高傲如李白也未能免俗。李白出生于商贾之家，在当时是不能参加科举考试的，所以，他只能通过行卷的方式来寻求入仕的机会。然而，他多次拜见各地的政要，却终是无功而返。

青梅竹马《生离别》

考上进士后，白居易首先回到洛阳，将这个好消息告诉了母亲；然后专程到宣州拜谢了他的伯乐崔衍；之后又回到了符离，并在这里待了将近一年。白居易之所以又回到符离，一方面是他的外祖母陈白氏在徐州古丰县（今丰县）官舍去世，需要将外祖母的灵柩从古丰县搬运到符离，对这位从小陪伴他的“慈祖母”尽力所能及的孝心；另一个重要原因便是这里还有一位让他心心念念的姑娘——湘灵。

说起白居易和湘灵的故事，我们把时间追溯到 781 年，白居易一家刚刚搬到符离的时候。那一年，白居易才九岁，刚来到这个陌生的地方，人生地不熟，难免有些不适应。这个时候，一个五岁的邻家小姑娘，出现在了白居易的面前，她便是湘灵。别看湘灵当时年纪小，但她容貌清丽，性格温婉，还懂点儿音律，称得上是一个小才女。虽然他们相差四岁，但两个有才华的小孩凑在一起特别投缘，仿佛有说不完的话。很快，两人就成了形影不离、青梅竹马的玩伴。

十年后，白居易返回旧地，与湘灵再度相逢。此时，白居易十九岁，已长成了阳光帅气的大才子；湘灵十五岁，也出落成了亭亭玉立的少女。两人心有灵犀、互诉衷肠，很快坠入爱河。

白居易知道母亲门第观念很重，没敢把这件事告诉她，只能与湘灵偷偷地谈起恋爱。

他写下《邻女》一诗，记述了此事。

娉婷十五胜天仙，白日姮娥旱地莲。

何处闲教鹦鹉语？碧纱窗下绣床前。

然而，快乐的时光仅持续了几个月，白居易就不得不再次为了避难离开符离，前往越中。

直到贞元十年（794）五月，白居易因丁忧又一次回到了符离。因丁忧期间是不能谈情说爱的，白居易只能将这份情谊埋藏在心底，一边读书备考，一边为父亲守丧，尽孝子的礼仪。

三年丧期结束，白居易立刻将与湘灵相恋的事情告诉了母亲，希望能得到她的支持。但母亲认为湘灵的家族门第低微，无法与白家相匹配，不同意两个人在一起。白居易感到无比痛苦，他曾试图说服母亲，但始终没能成功。湘灵得知白居易的母亲反对他们在一起，不但没有心生抱怨，反而总是安慰白居易。

不久，白居易不得不离开符离，前往江南的叔父家，为即将到来的科考做准备。临行之际，湘灵亲手为他做了一双鞋，并深情地说："希望我们能像鞋上的鞋带一样，并肩同行，永不分离。"白居易感动地回应道："愿有情人终成眷属。"

在前往江南的路上，白居易陆续写下了《寄湘灵》《寒闺夜》和《长相思》等诗作，表达了对湘灵的思念。他在《寄湘灵》中写道：

泪眼凌寒冻不流，每经高处即回头。

遥知别后西楼上，应凭栏干独自愁。

考中进士的白居易满心欢喜地回到符离后，再次向母亲请求与湘灵结婚。这次母亲更加坚决地拒绝了他的请求。第二年深秋，白居易需要暂时前往河北，被迫与湘灵再次分开。依依不舍的白居易写下了《生别离》。

生离别，生离别，忧从中来无断绝。

忧极心劳血气衰，未年三十生白发。

贞元二十年（804 ）二月，白居易找到了人生中的第一份工作——在长安担任校书郎，全家需要从符离埇桥迁往长安。这本是一件令人愉快的事情，白居易却感到痛苦，因为他要与湘灵再次离别。因此，他写下了饱含深情的《潜别离》。

这一年秋天，白居易对湘灵的思念越发浓烈，再也无法忍受分离之苦的他再次恳求母亲允许他和湘灵成婚。这一次，白居易的母亲不仅再次拒绝了他的要求，还决定举家迁往洛阳。搬家那天，白居易默默地注视着家人离去的背影，心中充满了无奈和伤感。他知道，这一走，他和湘灵或许就是永别。他不知道还能否与湘灵再相见，只能寄情诗歌，让文字传递他内心的痛苦和眷恋。

虽然与湘灵结婚的希望渺茫，但白居易对她的感情依然如故。后来，在一次游览徐州的间隙，白居易专程前往符离寻找湘灵。但造化弄人，这次他不仅没有见到湘灵，还得知她一家早已迁居邯郸，具体下落无人知晓。白居易心急如焚，毫不犹豫地赶往邯郸，希望能在那里找到自己心爱的姑娘。

他穿梭于邯郸的大街小巷，四处打听湘灵的消息。每一个陌生的面孔都带着希望，但每一次的询问换来的都是失望。他的心情越来越沉重，痛苦如潮水般涌上心头。

身处异乡的这个漫长冬夜，白居易久久无法入眠。于是，一首题为《冬至夜怀湘灵》的诗从心底涌出：

艳质无由见，寒衾不可亲。

何堪最长夜，俱作独眠人。

美丽的容颜如今无从得见，寒冷的衾被也无法给予温暖。他想象自己与湘灵在这漫长的夜晚，都是孤独的眠者。此次，白居易的寻找虽然无果，但他对湘灵的感情却更加刻骨，两个人的过往也成为他心中无法磨灭的记忆。

因为心有所属，白居易在那个早婚的年代迟迟未娶，成了妥妥的大龄剩男。直到元和二年（807），三十七岁“高龄”的白居易在母亲以死相逼之下，无奈迎娶了同僚杨汝士的妹妹为妻。尽管婚后夫妻感情和谐，但白居易对湘灵的感情始终难以割舍，时常萦绕心头。

元和十二年（817），四十四岁的白居易蒙冤被贬为江州司马。在被贬的路上，他竟然与四处漂泊的湘灵父女相逢。此时，湘灵已年近 40 岁，却依然未婚。这一次的相逢，让白居易和湘灵感慨万千，不禁相拥而泣。

不过，此次相逢，也成了白居易与湘灵姑娘的诀别。古人没有电话，更没有微信，所有思念都只能深埋于心。在被贬的岁月里，白居易始终将湘灵当年送给他的那双鞋带在身旁。有一次，白居易在晾晒衣物时，还特意将这双鞋取出晾晒。望着这双鞋子，他百感交集，那无尽的思念与遗憾最终汇聚成了《感情》这首诗作。

中庭晒服玩，忽见故乡履。

昔赠我者谁，东邻婵娟子。

因思赠时语，特用结终始。

永愿如履綦，双行复双止。

……

宝历元年（825），五十三岁的白居易结束杭州刺史任期返回京城途中，又专程绕道符离，期待能与湘灵再度相见。可这一次幸运之神并未眷顾他，当年的旧村已是一片废墟，湘灵更是不知去向。至此，这段长达四十多年的虐心苦恋，最终未能画上幸福的句号。

趣味延伸

“压倒元白”的杨汝士

白居易的妻子是杨氏，是其好友兼同事杨汝士的妹妹。杨汝士于元和四年（809）登进士第，得牛僧孺、李宗闵的赏识，被任命为中书舍人。他很擅长作诗，曾经甚至“压倒元白”。据说，裴度镇守东都时，有一次设夜宴，邀请了一众才子。酒至半酣，裴度与诸位客人联句，当时元稹、白居易都在座，二人皆是志得意满。轮到杨汝士时，他吟道：“昔日兰亭无艳质，此时金谷有高人。”白居易知道不能再超过他了，急忙撕毁诗稿，说：“笙歌鼎沸，勿作冷淡生活！”元稹看着白居易说：“这就是乐天所说的能保全他名声的人啊！”

初识元稹，遇见知己

贞元十八年（802），白居易回到了长安，参加了由吏部侍郎郑珣瑜主试的铨试书判拔萃科的考试，并于第二年春天顺利通过考试，当上了校书郎。铨试分为博学宏词科和书判拔萃科两种。当年，通过这项考试的一共有八人，分别是博学宏词科的吕炅、王起和书判拔萃科的白居易、李复礼、吕颖、哥舒恒、元稹、崔玄亮。白居易与其他七人都成为朋友，而和元稹、崔玄亮友谊尤为深厚。

唐朝的校书郎归秘书省管，而秘书省又叫兰台，也叫麟台，掌管所有的图书典籍。校书郎的主要工作就是校对典籍，修改文章，有点儿类似于现在的出版社编辑。虽然校书郎的官秩不高，仅正九品上，但这份工作对文笔和才华的要求非常高。唐朝有许多名人，如张九龄、刘禹锡、李商隐等，都干过这份工作。与白居易同科及第的八个人，除了李复礼和哥舒恒，都是校书郎；刘公舆、刘敦质和张仲元，是同时期的校正。所以说，白居易的官场生涯从校书郎起步，前途十分可期。

由于校书郎的工作不提供住宿，白居易开始在长安城里留意租房信息。经过一番寻找，白居易终于在常乐里找到了一幢心仪的房子。

据说，这幢房子曾经是德宗建中时期宰相关播私人住所中的东亭子。关播离世后，这座亭子便一直空置着。亭子的东南角，有一丛关播亲手栽种的竹子。由于长期无人照料，竹叶已经凋零残败。白居易看到这一幕，感到十分痛惜，于是他精心打理，终于使这丛竹子重新焕发生机。

为了纪念这件事，白居易特意在亭子的墙壁上写下了《养竹记》，“竹似贤，何哉？竹本固，固以树德，君子见其本，则思善建不拔者。竹性直，直以立身；君子见其性，则思中立不倚者。竹心空，空以体道；君子见其心，则思应用虚受者。竹节贞，贞以立志；君子见其节，则思砥砺名行，夷险一致者。夫如是，故君子人多树之，为庭实焉。”以竹子孤直坚贞的品性勉励自己，希望自己能够像竹子一样，拥有坚定的品德、正直的品性、谦逊的胸怀和高尚的节操。白居易相信，只要秉持这些品质，就能在人生的道路上稳步前行。

赏竹之余，白居易也不忘好友元稹。在一个风和日丽的清晨，白居易漫步在庭院中，凝视着那竿竿翠竹，思绪万千。在竹影摇曳中，他仿佛看到了自己的身影，于是写下了《赠元稹》，“无波古井水，有节秋竹竿”，既是对竹子的赞美，也是对自己的期许。

元稹收到白居易的赠诗后，深有感慨。在一个宁静的夜晚，他坐在案前，借着微弱的烛光，挥笔写下了《种竹》回赠白居易，“昔公怜我直，比之秋竹竿。秋来苦相忆，种竹厅前看”。他深知，以竹自比，不仅是朋友间的惺惺相惜，更是一种志同道合的默契。

白居易和元稹的友谊，确实也如同竹子一般，坚韧不拔。他们在诗词中产生了共鸣，用文字传递彼此的情感。人生路上，无论是春风拂面的日子，还是顶风冒雪的时刻，他们都以竹为鉴，相互督促，共同成长。

十年后，白居易还在《酬元九对新栽竹有怀见寄》中写道，“共保秋竹心，风霜侵不得”，将元稹比作孤且直的竹子，并以共保秋竹心相互勉励。

趣味延伸

唐朝也有“考公”

按照唐朝的官员选举制度，考上进士后，并不能马上做官。如果把考进士比作现在的高考，那么在唐朝想要做官，人们必须经历吏部的关试，相当于现在的公务员考试。通常来说，进士放榜、皇帝下诏之后，礼部会将名单送至吏部，由吏部主持两节判文考试，即关试。关试过后，还需要等待三年，接着参加吏部主持的冬集铨选（内容包含身材、言辞、书法、判文），只有铨选合格的人才能被授予官职。

如果守选还没满三年，想要提前参加铨选做官，人们必须参加由吏部侍郎主持的博学宏辞科或书判拔萃科的考试。白居易在贞元十六年（800）春天进士及第并通过关试后，就利用守选的机会回到洛阳、符离等地探望亲属，并在贞元十八年（802）冬天参加吏部铨选，属于后一种情况。又因唐朝避讳很严，白居易祖父名“锽”，与“宏”同音，不能参加试博学宏辞科考试，所以，只能参加书判拔萃科考试。

惺惺相惜的天才们

贞元二十年（804），白居易的工作逐渐稳定，便从洛阳、符离等处把家人全部接到长安附近的下邽老家。此时，白居易已经三十二岁，过了而立之年。

由于工作比较轻松，闲暇之余，长安城中的曲江、杏园、慈恩寺、皇子陂，以及唐昌观、崇敬寺等地，便成了白居易与朋友时常聚会的地方。

这期间，白居易与朋友或吟诗赋词，或畅谈天下事，或把酒言欢，或纵情于山水之间，他们的欢声笑语在空气中回荡，仿佛忘却了尘世的纷扰。有时，他们会围坐在一起，精心欣赏一幅画作，品味其中的意境和美感；有时，他们会相互切磋琴艺，轻抚琴弦，奏响悠扬的旋律，让音符在指尖流淌。

然而，这种悠闲的日子，却让白居易的心中生出了一丝忧虑。作为一个有理想、有抱负的人，他是不愿意沉迷于享乐的。

白居易的生活云淡风轻，朝廷却风云变幻，大事频发。唐德宗李适（kuò）驾崩后，其子唐顺宗李诵继位。最初，唐顺宗任用王叔文等贤良之才，全力革除贞元以来损害百姓利益的弊政，并逐渐削弱宦官的兵权。此次变革让很多人看到了希望，纷纷摩拳擦掌，准备就此大展拳脚。白居易当时虽然人微言轻，但也直接向中书侍郎、同平章事韦执谊上书，表达了自己支持新政的想法，并提出许多建设性建议。

然而，这场改革深深地触及了宦官、藩镇及士族大官僚集团的利益。于是，大宦官俱文珍、刘光琦趁唐顺宗生病（唐顺宗因九月中风无法说话，病情始终没有好转）之际，勾结地方割据势力韦皋、严绶、裴均等逼迫顺宗改立太子李纯为皇帝，自己转为太上皇。唐宪宗李纯即位后，顺宗时期的重要人物，如王叔文、王伾、韩泰、韩晔、柳宗元、刘禹锡、韦执谊、陈谏、凌准、程异纷纷被贬，这就是当时有名的“二王八司马”。唐顺宗在位时间总共不过八个月，他主导的“永贞革新”犹如暴风雨般稍纵即逝。支持革新的“二王八司马”死的死、散的散，好在当时的白居易只不过是一个小小的校书郎，因此并未受到打压和清算。

“永贞革新”的失败让白居易对政治现实有了更深刻的认识，政治改革的艰难和复杂使他在后来的政治生涯中更加谨慎和保守。前半生的三十多年里，白居易一直过着颠沛流离的生活，并因此锻造出刚直不阿、坚毅果敢、不轻易妥协的性格。在低到尘埃的岁月里，他深深地融入民众的生活，深刻感受到百姓的疾苦。故而，在迈入官场后，他便雄心勃勃，立志“为拯救天下苍生贡献自己的微薄之力”。

然而，自唐德宗李适即位以来，朝堂内斗越发严峻，直言进谏的道路难以走通。士大夫们大多因循守旧，只求“明哲保身，远离是非”，这恰好印证了他在《江州赴忠州，至江陵已来，舟中示舍弟五十韵》中的那句：“险路应须避，迷途莫共争。”眼见理想与现实之间的差距越来越大，白居易的内心充满了无奈和悲愤。

白居易知道，要实现心中的理想，必须提升自己的实力和地位，获得话语权。因此，在校书郎任期即将结束时，他经过深思

熟虑，作出了一个至关重要的决定，那就是从常乐里搬到永崇里华阳观。在这里，他将与好友元稹一同积极准备应制举，为实现自己的理想全力以赴。

趣味延伸

白居易与元稹是如何相识的

历史研究学家认为，白居易与元稹的相识应该是在贞元十八年（802）。这年秋天，白居易写有诗歌《秋雨中赠元九》。

不堪红叶青苔地，又是凉风暮雨天。
莫怪独吟秋思苦，比君校近二毛年。

这里“二毛”就是头发花白成了两种颜色，“二毛年”，即两鬓染霜的中老年人。白居易在诗中透露出自己对友人的思念和自身的感慨。秋日的红叶与青苔交相辉映，凉风和暮雨更增添了几分凉意，这样的景象使他心中涌起无尽的秋思。他独自吟诗，却不怪这秋思之苦，只因自己与元稹相比，也已临近“二毛”之年（白居易比元稹年长七岁），不禁感叹时光的匆匆流逝。

三登科第天才逆袭

白居易在华阳观住了一年有余，留下了《永崇里观居》《春题华阳观》《华阳观桃花时招李六拾遗饮》等诗篇。

白居易决定从常乐坊的关播故宅迁往永崇里的华阳观，有很多原因。除了华阳观环境清幽，是适合闭门读书的理想之地，还因为当时“永贞革新”的斗争正值激烈，白居易希望远离政治纷争，寻觅一处僻静之所居住。此外，还有一个重要因素，那就是他的好友元稹住在靖安里，与白居易所住的华阳观仅一街之隔。

在准备应制举的过程中，白居易与元稹经常互相切磋研讨，各自交流见解与心得。白居易凭借其出众的才华和勤勉激励元稹，而元稹则以其睿智和经验为白居易提供协助。他们一起探讨历史、文学，共同提高写作技巧，白居易的“文章合为时而著，歌诗合为事而作”的主张，得到了元稹的高度认可，这为此后二人共同倡导“新乐府运动”奠定了基础，也为被人称颂的“元白”友谊打下了基础。

保存在《白氏文集》中的《策林》四卷，都是白居易为准备制举而积累的材料，我们从中不难看出他当时勤奋用功的情况。据白居易自述，他“攻文朝矻矻，讲学夜孜孜”，闭门数月，潜心钻研当代之事，期望能够在制举中取得优异成绩。然而，由于时局动荡，政局变幻莫测，考试多次被迫改期。白居易苦苦等待，终于在元和元年（806）四月，等来了唐宪宗策试举人的机会。不过，当时唐顺宗尚未下葬（顺宗于当年正月逝世），所以，此次考试依旧由宰相监试。

常言道，好事需多磨，白居易和元稹都成功通过了此次制举。此次制举一共录取了十八人。依照惯例，唐朝的制科并没有一、二等之说。元稹获得了第三等（甲等），白居易列为第四等（乙等）。朝廷依照官员的品级予以授职，元稹获任左拾遗一职，白居易则被任命为周至尉。

至此，白居易历经十年寒暑，成功通过进士科、吏部考试和制举考试，三次荣登科第，他如愿以偿地拿到了大唐这个世界顶级公司的任命书。这一系列考试不仅是对他才华和学识的考验，更是他坚持不懈、努力奋斗的见证。这份任命书代表他的努力得到了认可，也为他开启了仕途生涯的新篇章。带着满心的欢喜与期待，白居易踌躇满志，决心在今后的仕途中施展自己的抱负，为国家和百姓尽一份心力。

趣味延伸

什么是制举

制举是唐朝时期由皇帝亲自诏令举行的一种特殊科举考试，专门用于选拔非凡之士。通常由皇帝临时确定考试名目，并下令进行考选。制举名目繁多，包括文辞清丽科、博学通艺科、武足安边科、军谋越众科、才高未达沈迹下僚科、高蹈丘园科、贤良方正能直言极谏科等数十种。白居易和元稹都应的是才识兼茂明于体用科。

志在兼济的翰林学士

《长恨歌》名满天下

周至县隶属于陕西省西安市，汉武帝时期置县，原来写作盩厔（zhōu zhì），后改为周至。在唐代县级政府行政机构中，县令是长官，负责统筹全县之政务；县丞是副长官，辅佐县令行政；主簿是勾检官，负责勾检文书，监督县政；而具体负责执行办事的就是县尉，其职掌包括行政、司法、财政等各个方面。白居易所任的周至尉就是周至的县尉。

白居易在担任周至尉期间，非常关注老百姓的疾苦，通过了解他们的生产、生活情况，写下了许多反映民生的作品。有一次，他在秦岭北麓的麦田看到农人割麦，心有触动，写下著名的《观刈麦》。

田家少闲月，五月人倍忙。

夜来南风起，小麦覆陇黄。

妇姑荷箪食，童稚携壶浆。
相随饷田去，丁壮在南冈。
足蒸暑土气，背灼炎天光，
力尽不知热，但惜夏日长。
复有贫妇人，抱子在其旁，
右手秉遗穗，左臂悬敝筐。
听其相顾言，闻者为悲伤。
家田输税尽，拾此充饥肠。
今我何功德，曾不事农桑。
吏禄三百石，岁晏有余粮。
念此私自愧，尽日不能忘。

这首诗既对农民的艰辛生活和繁重的赋税进行了描绘，也表达了白居易对农民的同情和对社会不公的批判。同时，诗中也对自己“不劳而获”的生活进行了反思。

还有一次，

白居易在街上闲逛，看到和籴的官员征收谷物，遇到不愿意将物品低价卖给县府的百姓，便将其抓起来暴打，场面惨不忍睹。白居易心痛之余，进行了深入调查。他发现，并不是老百姓不愿意卖给官府谷物，而是官府收购谷物时不仅给的价钱很低，有时甚至还不给钱，只给他们几匹贱价的布。老百姓拿着这些布，需要再转卖给别人才能拿到钱。这样一来，又要被商人剥削，损失更严重。后来，白居易在担任左拾遗时专门写下了《论和籴状》批判了和籴制度的种种弊端。

白居易将自己在周至县看见的百姓窘况与政策上的种种弊端，全都不遗余力地禀告了皇帝。但他的直言敢谏，不仅没有得到唐宪宗的肯定，还遭到宦官们的厌恶与诋毁。

白居易的正直勇敢，让他在周至县收获了很多真心的朋友。王质夫、陈鸿就是他来到周至县后交到的好友。

有一天，王质夫、陈鸿和白居易一起到仙游寺游玩。因为这座寺庙靠近马嵬，因此流传着许多关于杨贵妃和李隆基的民间传说，比如道士寻觅、仙山问答、七夕盟誓等。一路上，三人不由得感叹起了这段悲惨的爱情故事。这时，王质夫突然对白居易说："这些故事是历代少有的事，如果不遇到出类拔萃的奇才来加工描述它，就会随时间的流逝而消失，不能流传在世上。"

白居易听后，回去便将这些故事作为素材，埋头创作，经过无数次修改和完善，一首将历史真实与浪漫传说相结合的长篇叙事诗横空出世，这就是被历代史学家赞为"千古绝作"的《长恨歌》。

《长恨歌》通过对唐玄宗和杨贵妃爱情故事的详细叙述，展现了他们爱情的起起落落，也反映了唐朝由盛转衰的历史变迁，不仅表达了对爱情的赞美和对悲

剧的哀叹，还蕴含了对人生、命运和历史的思考。

特别是最后那句“天长地久有时尽，此恨绵绵无绝期”，虽跨越了千年，依旧打动了无数读者的心。白居易凭借《长恨歌》赢得了“诗魔”的美誉。

趣味延伸

什么是和籴

和籴指的是官方在“双方协商”的情况下收购农民的农作物。在天宝年间，由于关中地区粮食匮乏，难以供应军队，所以由少府出资，在米价低的时候，提高价格收购；在米价高的时候，降低价格出售。这种做法一方面调节了农民的生活，另一方面解决了关中缺粮的问题。

这本来是一个非常好的制度，但是从唐德宗开始，所谓的和籴就完全不是那么回事了：说是和籴，其实就是强行夺取。不仅不按规矩给农民定价，还让农民把粮食运到京西行营，最终造成“车辆损坏、马匹死亡，农民破产无法承受”的局面。

风光无限的翰林学士

虽然在周至尉的任上干了很多实事，但在白居易的眼中，这只不过是“风尘走吏”，与他“志在兼济”的人生目标相去甚远。因此，白居易常常心生惆怅。一次，白居易因公务去长安京兆府，见府门前池中新栽的莲花，矗立于污泥浊水中，叶面上落满灰尘，远不如长在野塘溪流中鲜活可爱，他联想到自己沦为“趋走吏”的处境，不禁吟出“扎根非其所，不如遭弃捐”，也就是这篇《京兆府新栽莲》。

污沟贮浊水，水上叶田田。

我来一长叹，知是东溪莲。

下有青泥污，馨香无复全。

上有红尘扑，颜色不得鲜。

物性犹如此，人事亦宜然。

托根非其所，不如遗弃捐。

昔在溪中日，花叶媚清涟。

今来不得地，憔悴府门前。

此外，白居易还经常与同为周至尉的李文略，一起喝酒赋诗，借此来排遣内心的积郁。他在《酬李少府曹长官舍见赠》写道：“低腰复敛手，心体不遑安。一落风尘下，方知为吏难。公事与日长，宦情随岁阑。惆怅青袍袖，芸香无半残。赖有李夫子，此怀聊自宽。两心如止水，彼此无波澜。往往簿书暇，相劝强为欢……”

正值白居易心情低落，借酒消愁之际，有一双眼睛已经悄悄盯上了他。唐宪宗虽然将“二王八司马”贬谪，但他也渴望有所

作为。他十分羡慕唐太宗贞观年间的政治，一心想要效仿唐太宗。因此，他即位后，提拔了一些忠诚正直的新晋人士担任翰林学士。刚正不阿、才华横溢的白居易便很快进入了他的视野。

白居易担任周至尉仅一年，就在元和二年（807）秋天被召回。经过多次考察，他成功获授翰林学士一职，与他同时入院的还有李程、王涯、裴垍、李绛、崔群等六人。次年四月二十八日，白居易改任左拾遗，兼任翰林学士。

当时，白居易刚凭借《长恨歌》在文学界声名鹊起，现在又得到皇帝的信任，能够以左拾遗和翰林学士的双重身份参与朝政，一时间风光无限。

此时的白居易已经三十七岁。曾经风度翩翩、才华横溢的天才少年，在岁月的洗礼下已成为一位历经沧桑的中年男子。在那个四十岁便可被尊称为爷爷的时代，这位天才诗人仍然孑然一身。现在事业有所起色，迫于各方压力，白居易不得不开始考虑婚姻大事。

白居易在担任周至尉时，就作过一首诗歌《戏题新栽蔷薇》。

> 移根易地莫憔悴，野外庭前一种春。
>
> 少府无妻春寂寞，花开将尔当夫人。

白居易在诗中直白地流露出自己对幸福婚姻的向往。

当时，他通过在宣城相识的杨虞卿结识了其从兄弟杨汝士。杨汝士的文才不在白居易之下，两人很是投缘。一来二去，白居易便成了杨家的常客。

元和三年（808），白居易便在双方父母的安排下与杨汝士之妹成婚了。杨汝士的祖父杨孚是隋末起义领袖之一，父亲杨思言是武则天时期的宰相之一。杨汝士算是出身名门望族，家境富裕。白居易与杨氏喜结连理，也是白居易母亲最愿意看到的。

白居易虽然没有娶到自己心中的“白月光”，但是杨氏温婉贤良，也让他有了些许安慰。

趣味延伸

翰林学士与左拾遗

唐初常以名儒学士起草诏令而无名号。翰林学士通常是由具备渊博学识和文学才能的人担任，主要负责草拟诏令、参与机密事务、侍从皇帝等。虽然在唐朝翰林学士并没有固定的品阶，但是他们常与皇帝亲近，有机会参与国家政务，提供意见和建议。因此，翰林学士能够通过这一职位获得晋升和发展的机会，常常有机会升为宰相。自唐玄宗时期，翰林学士就一直是皇帝的心腹。因翰林院在右银台门内，又专掌内制，所以当时称之为“内相”。

左拾遗是谏官，主要职责是向皇帝直言规劝，提醒皇帝关注时政，纠正不妥决策，维护朝廷正常运转，引荐人才，弹劾违法官员等。尽管这一官职品级不高，但责任重大，担任此职的人通常须具备忠诚、正直、勇敢等品质。

火力全开，直言极谏

虽然仕途有了起色，但白居易想要实现自己的抱负，还需要得到皇帝的信任和权臣的支持。元和初期踏上仕途的白居易，刚好具备这两个条件。他在《初授拾遗献书》里便许下承诺，说自己要本着“有缺点就得规劝，有错误就得劝谏，朝廷的得失都要体察，天下的利弊都要言说”的原则，写谏章、作讽喻诗，关心老百姓的疾苦，揭露社会的黑暗，指出朝政的过失。白居易并不是头脑发热，口头说说而已，他是真的说到做到了！

“恃宠而骄”在历代都是很常见的现象，很多人仗着皇帝的宠信便开始忘乎所以、胡作非为。然而，白居易在得到皇帝的宠信之后，却开启了另一种画风，那就是“誓心除国蠹，决死犯天威”（《和答诗十首·和阳城驿》）。

中唐时期，特别是代宗、德宗以来，宦官擅权问题非常严重。皇帝的禁军叫作神策军，分左、右两厢；统领禁军的官职，叫作护军中尉。自宪宗以来，宦官控制了神策军，把持朝政，气焰嚣张，到处扰民掠物，百姓敢怒不敢言，就连唐宪宗本人对宦官也是无可奈何。

白居易却对他们毫无畏惧。元和四年（809）前后，在见证了宦官欺压百姓、目中无人的行为之后，白居易写下了著名的《宿紫阁山北村》，揭露了宦官们的恶行。

晨游紫阁峰，暮宿山下村。
村老见余喜，为余开一尊。
举杯未及饮，暴卒来入门。
紫衣挟刀斧，草草十余人。
夺我席上酒，掣我盘中飧。
主人退后立，敛手反如宾。
中庭有奇树，种来三十春。

主人惜不得，持斧断其根。

口称采造家，身属神策军。

主人慎勿语，中尉正承恩。

白居易写这首诗时，左神策护军中尉是吐突承璀，右神策护军中尉是薛盈珍，他们对白居易恨得咬牙切齿（“握军要者切齿”，出自白居易《与元九书》），然而白居易毫不在意，依旧直言进谏。

《宿紫阁山北村》只是白居易对宦官开怼的开端，他还对俱文珍、李辅光、吐突承璀等权宦进行公开弹劾。在诗歌《轻肥》中，白居易将“是岁江南旱，衢州人食人”的惨烈景象与宦官“朱绂皆大夫，紫绶悉将军”的骄奢生活作对比，深刻地揭露了社会的矛盾和不公。在散文《论太原事状三件》中，他点名抨击了大宦官李辅光、刘贞亮等人擅权的不法行为。这些人都是很多大臣千方百计想要巴结的人物，白居易却对他们火力全开，真正做到了“危言诋阍寺，直气忤钧轴”。

白居易不仅勇于抨击宦官，批判那些不法的权豪贵近也丝毫不留情面。

于頔是一个非常嚣张的节度使。他公然敛财，肆意杀戮，专门以欺压上司和下属为乐，唐德宗在位时就对他睁一只眼闭一只眼，唐宪宗即位后更是答应了于頔的请求，将长女永昌公主嫁给了他的第四子于季友，和他结为亲家，并允许他入朝觐见。白居易不顾“以疏远的身份议论皇亲，以低贱的身份评论权贵”的风险，毅然上奏了《论于頔裴均状》，并明确表示反对于頔入朝。

然而，唐宪宗没有采纳白居易的谏言。入朝后，于頔为了讨好皇帝，将自己宠爱的歌舞伎献给了他。于是，白居易又上奏《论于頔所进歌舞人事宜状》，劝说唐宪宗将歌舞伎还给于頔。唐宪宗虽然没有完全采纳白居易的意见，但也没有给于頔过多的实权。后来，贪恋权势的于頔，本性暴露，为了满足权欲，指使于敏贿赂宦官，结果闹出了人命。最后于頔被贬为恩王傅，于敏被流放雷州，最后在秦岭被赐死。事实证明，白居易谏言是有远见的、正确的。

除了于頔，白居易在谏奏里点名批评的权贵，还有裴均、王锷、严绶和李师道等人。裴均、王锷二人除了历任节度使，还是当时的巨富。他们一边用财货勾结宦官，各自求得左右仆射或同平章事等官职，一边用财货讨好唐宪宗。白居易知道后，奋笔写了《论于頔裴均状》《论王锷欲除官事宜状》《论裴均进奉银器状》等。

不光是当朝权贵，甚至连皇帝犯错，白居易都能直言不讳地批评。唐宪宗即位时，不仅面临藩镇割据、吏治败坏等问题，还存在地方进奉、租税乱征、掠卖南口、比竟奢华、后宫宫女过多等时弊，于是他在白居易等众多新进力量的协助下一一革除，其中就有一条禁止进奉。然而，元和四年（809），节度使裴均在明知有这条禁令的情况下，依旧进奉了银器一千五百多两，而且，唐宪宗也将这些银器全部收下了。白居易得知情况后，立刻上书《论裴均进奉银器状》，说裴均藐视圣上，故意试探皇上是否会依法行事，并极力劝说唐宪宗不能收下这些银器。

元和四年（809）秋天，一场讨伐成德节度使王承宗的战役已经持续一年之久，却毫无成效，白居易连上三状请求罢兵。

早在这场战役发动之初，白居易、李绛等人就认为时机未到，并不赞成出战。现在战争陷入胶着状态，唐宪宗召集翰林学士们商量对策。在讨论中，白居易直率地讨论当时形势，并指出唐宪宗的种种错误，让唐宪宗很是难堪。事后，唐宪宗还密召翰林承旨李绛，说白居易是小臣，出言不逊，应该把他从翰林院驱赶出去。幸而李绛帮白居易对皇帝加以解释，表示他是仗着皇帝是明君才敢直言劝谏，白居易逃过劫难。

然而，白居易屡次的直言进谏，不仅得罪了当时的权贵，也触犯了皇帝的逆鳞，这为他日后遭贬斥埋下了祸根。

趣味延伸

唐朝中期的宦官

唐宪宗是依靠宦官拥立继位的。虽然他在位时励精图治，重用贤良，改革弊政，给唐朝带来了一丝中兴的希望，可他对宦官的态度确实是有所倚重和庇护，这也为他后来被宦官陈弘志（一作弘庆）、王守澄等密谋暗杀埋下了伏笔。此外，穆宗以后许多皇帝都由宦官拥立，这足以说明当时的宦官有多么嚣张跋扈，也间接证明了当时裴垍、白居易等新进分子，在与宦官势力的对抗中，遇到的困难和阻力有多么大。

仗义执言为民而歌

白居易不仅是一名敢于与宦官、权臣激烈斗争的“战士”，还是一位为了朋友能够挺身而出、仗义执言的义士，更是一位心怀天下、悲天悯人的仁者。

元和五年（810）春天，河南尹房式犯了事，元稹因看不惯对方的所作所为，便以监察御史的身份停了房式的职。皇帝得知这个消息后，觉得元稹在没请示自己的情况下，擅自将房式停职，有违法度，便罚了元稹一个季度的俸禄，并把他召回西京。

回西京的途中，元稹在敷水驿休息。没过多久，任中使的宦官刘士元也来到此处，让先到的元稹把厅堂腾出来给自己。元稹本就看不惯宦官的所作所为，这次自然没有让步。不料刘士元踹破驿站的门，大骂着进去，抢了元稹的马和鞍，还用马鞭抽了元稹的脸。这事儿本是宦官刘士元不占理，可回到京城以后，朝廷里的人却纷纷指责元稹年轻不懂事，仗着有点儿权力就胡作非为，还怂恿皇帝把元稹贬为江陵府士曹参军。白居易得知这个情况后，连上三道奏章据理力争，为好友元稹辩解。

白居易上奏说，此前元稹追查房式做法欠妥，但也因此被贬、停俸，已是从重处罚，不应再处罚。争厅堂一事完全是刘士元的错，现在有罪的中官不加处理，没错的反倒先被贬了官。这样只会败坏朝廷的风气：今后中官出使，会更加放纵暴虐；朝廷官员被凌辱殴打，也只能忍气吞声，不敢反抗。白居易的奏章言辞恳切、有理有据，当时翰林学士李绛、崔群也一起发声，认为元稹无罪，但唐宪宗始终没有采纳他们的意见。这一方面印证了宦官势力的强大，以及皇帝对他们的偏袒；另一方面说明了当时的新进势力，如裴垍、崔群、白居易等在与宦官势力作斗争时，需要坚定信念与决心。

白居易在面对权贵时，总是一副浑身冒火、十分不好惹的样子，但他面对百姓时却又变得很亲切、和蔼，时刻关心百姓的疾苦，为百姓发声。

元和三年（808），白居易上奏了《论和籴状》（前文已述），揭露了当时实施和籴过程中的弊端，并提出切实可行的改进措施。

后来，白居易又了解到阌乡等地官吏对待囚犯十分恶劣，狱中长期羁押几十名囚犯，这些囚犯并不是十恶不赦之徒，不过是因欠负官物，无法填赔，才被囚禁在县狱中，到死也不被放出。他们的妻儿为供应狱粮，只能沿路乞讨。他们当中，有人被关押多年，妻子已改嫁；有人身死狱中后，官府又将其儿子收禁。即便朝廷多次降恩旨赦免，官吏也会借口他们不符合赦令，始终将他们囚禁。白居易认为，被囚禁的人都是不堪层层盘剥，才拖欠官债的穷人，于是写下《奏阌乡禁囚状》，言辞恳切地向唐宪宗请求将这些囚犯赦免。正如原文中所说“行路见者，皆为痛伤。况今陛下爱人之心过于父母，岂容在下有此穷人……伏乞特降圣慈，发使一时放免，一则使缧囚获宥，生死皆知感恩；二则明天听及卑，远近自无冤滞”。

白居易的《奏阌乡禁囚状》不仅揭露了当时司法刑狱制度的残酷与黑暗以及封建剥削制度惨无人道的本质，还反映出他“仁民爱物”的人道主义情怀。除此之外，《秦中吟》十首以及大家所熟知的《卖炭翁》都体现了白居易的这一精神。

趣味延伸

清廉白居易怒打行贿人

白居易为官正直、清廉。相传，他刚当上周至县尉时，就遇到了一个财产纠纷案，城中的赵乡绅和李财主就为争夺这块地跑到县衙打官司。

为了打赢官司，赵、李二人都开始玩起了惯用的小手段。赵乡绅买了一条大鲤鱼，并在鱼肚子中填满银子，派人送到县衙。而李财主则挑了一个大西瓜，将瓜瓤掏出，同样塞满银子送到了白居易面前。收到这两份“厚礼”后，白居易轻蔑地冷笑几声，然后吩咐手下贴出告示，安排次日公开审案。

第二天，县衙门外人头攒动，挤满了前来看热闹的百姓。白居易端坐在大堂之上，不慌不忙地问道：“你们谁先说？”赵乡绅赶紧抢着说道：“大人，我的理（鲤）长，理当我先讲。”李财主见状，也不甘落后，赶忙说道：“我的理（瓜）大，该我先讲才对。”

就在赵、李二人都以为自己胜券在握时，白居易突然面色一沉，说道：“什么理长理大，简直不成体统！”

赵乡绅以为县太爷忘了自己送过礼，赶紧提醒道：“大人息怒，小人只是一介愚（鱼）民啊！”白居易微微一笑，回应道：“本官耳聪目明，无须你们拐弯抹角，更不容许有人暗中勾结行贿。”

说罢，他立刻命衙役将鲤鱼和西瓜取来，并且当着众人的面抖出里面的银子。围观的群众顿时一片哗然。这时，白居易突然一拍惊堂木厉声喝道：“大胆刁民，竟敢公然贿赂本官，依照大唐律法，各打四十大板！”

此话一出，现场立刻响起了热烈的掌声。案子审完后，白居易便将这些行贿的银子，用来救济贫苦的百姓。这一次，行贿者遇到了清廉的白居易，不仅挨了板子，也丢了银子。

《新乐府》横空出世

从“安史之乱”结束到黄巢起义爆发的这一历史阶段，被称为“中唐时期”。这一时期的经济、政治和社会均在“安史之乱”中遭到了严重破坏，社会矛盾日益尖锐：藩镇割据、宦官专权、民不聊生。白居易亲眼见到了底层百姓生活在水深火热之中，深

感痛心，他立志用自己的笔，为百姓发声，于是他联合元稹、李绅并吸引张籍、王建等创作倾向相同或相近的诗人，掀起了以揭露社会黑暗、大写民生疾苦的讽喻诗为主旨的“新乐府运动”。

他们主张恢复古代的采诗制度，发扬《诗经》和汉魏乐府讽喻时事的传统，“文章合为时而著，歌诗合为事而作”，以自创的新的乐府题目咏写时事，采用乐府歌行体，用通俗易懂的语言，反映社会现实、民生疾苦。白居易的《新乐府》五十首、《秦中吟》十首等，元稹的《田家词》《织妇词》等，都是新乐府运动的代表作品。

作为新乐府运动的倡导者，白居易创作的讽喻诗数量最多，影响也最大。今存《白集》一至四卷所著录的以《新乐府》《秦中吟》为代表的一百七十二首讽喻诗中，绝大多数正创作于这一时期。由于目睹了农民在田间辛勤劳作，却难以果腹；商人被苛捐杂税压得喘不过气来；妇女在战乱中失去亲人，流离失所……这些都成了白居易创作的素材，并成了流传千古的经典作品。他在元和初年（806）创作了《卖炭翁》。

卖炭翁，伐薪烧炭南山中。
满面尘灰烟火色，两鬓苍苍十指黑。
卖炭得钱何所营？身上衣裳口中食。
可怜身上衣正单，心忧炭贱愿天寒。
夜来城外一尺雪，晓驾炭车辗冰辙。
牛困人饥日已高，市南门外泥中歇。
翩翩两骑来是谁？黄衣使者白衫儿。
手把文书口称敕，回车叱牛牵向北。
一车炭，千余斤，宫使驱将惜不得。
半匹红纱一丈绫，系向牛头充炭直。

皇宫所需的物品，本来是由专门的宫市使采买的。但当时宦官横行，将这一采购权抢夺过去，并安排人分布在长安东西两市及热闹街坊，以低价强购货物，甚至不给分文，名为“宫市”，实际是一种公开的掠夺。一句“心忧炭贱愿天寒”道尽了当时老百姓的辛酸与苦楚。

还有一次，白居易见街边一位乞讨的老人十分可怜，一番打听这才得知，老人年轻时为了逃避兵役，故意折断自己的手臂。然而，即使这样，他最终还是未能逃脱被征召入伍的命运。在战场上，他经历了无数的苦难和危险。侥幸生还后，他回到家乡，却发现自己的家园早已荒废，家人也不知去向，老人只能拖着残躯沿路乞讨。被深深触动的白居易，以老人的口吻写下了《新丰折臂翁》，控诉了兵役制度给百姓带来的痛苦。

除此之外，《新乐府》中的《杜陵叟》描述了农民的悲惨遭遇，批判了官吏的横征暴敛和朝廷的政策失当；《缭绫》描写了精美华丽的缭绫成了统治者的奢侈品，而制作缭绫的劳动人民则生活贫困的现状，讽刺统治者的奢侈和剥削；《红线毯》通过描述制作艰辛、工艺精美的红线毯却只是为了“美人蹋上歌舞来”，供统治者享乐之用的故事，揭示了统治者不顾百姓冷暖，奢华浪费的行为……

《新乐府》并不是白居易一次写成的，而是他终其一生都在创作的作品。他用最朴实的文字诉说着最真实的故事。他的《新乐府》像一阵清风，吹散了当时社会的沉闷空气；又像一面镜子，映照出社会的种种弊病。

趣味延伸

新乐府运动

新乐府运动的兴起可以追溯到唐代宗大历年间，当时一些诗人如元结等已经开始写作反映现实、讽喻时政的乐府诗。到了白居易、元稹等人的时代，他们进一步发展了这种现实主义诗歌传统，提出了一系列诗歌理论和创作主张，形成了较为明确的新乐府运动。

新乐府运动的发展历程循序渐进，其影响逐渐扩大。在这个过程中，许多诗人参与其中，创作了大量的新乐府诗，对当时的诗歌创作产生了深远影响。需要注意的是，新乐府运动的发展是一个渐变的过程，难以精确界定其确切的发起时间。不过，白居易、元稹等人的倡导和创作实践是新乐府运动的重要标志，他们的作品和主张代表了新乐府运动的主要特点和精神。

归葬慈母，痛失幼女

元和五年（810），白居易任左拾遗一职已年满，按照惯例应该改官了。当时，唐宪宗表示，白居易官职低微、薪水微薄，又受到官阶和资历的限制，无法晋升，允许他根据自己的意愿奏请官职。

在此之前，白居易为好友元稹辩护和三次上书请求停止对河北王承宗的用兵，都没有被采纳。白居易明白自己已经失去了唐宪宗的信任，便奏请道："我听说姜公辅担任内职时，曾请求担任京府判司，以便能奉养双亲。我也有年迈的母亲，且家中贫困，希望陛下按照姜公辅的例子，让我担任俸禄更高的京兆府户曹参军。"

于是，唐宪宗便封白居易为京兆府户曹参军，但仍为翰林学士。虽然看起来官阶高了（左拾遗是从八品上，京兆府户曹参军是正七品下），但由内官转为外官，就失去了很多直接向皇帝谏言的机会。

白居易在《初除户曹喜而言志》写道：“人生百岁期，七十有几人？浮荣及虚位，皆是身之宾。唯有衣与食，此事粗关身。苟免饥寒外，余物尽浮云。”虽然白居易在诗中表现出超脱和淡泊的心境，认为浮名和虚位都是过眼云烟，只有衣食才是与自身密切相关的，但也流露出一种被弃置的失落与自我安慰。

因为之前得罪了很多宦官和权臣，现在连皇帝也渐渐对他疏远了，白居易想要有所发展变得十分困难。好在当时同为新进分子的李绛担任了宰相，使得他又看到了一丝曙光。

此次调任，本以为能多陪伴母亲，但第二年四月，白居易的母亲陈氏在长安宣平里第去世。

母亲的离去，让白居易伤心不已，他写下了《慈乌夜啼》一诗。

慈乌失其母，哑哑吐哀音。
昼夜不飞去，经年守故林。
夜夜夜半啼，闻者为沾襟。
声中如告诉，未尽反哺心。
百鸟岂无母，尔独哀怨深。
应是母慈重，使尔悲不任。
昔有吴起者，母殁丧不临。
嗟哉斯徒辈，其心不如禽。
慈乌复慈乌，鸟中之曾参。

全诗以“慈乌”为核心意象，寄托了白居易对已故亲人的深切思念，也传达出他对人生无常和生死离别的感慨，以及对亲情的珍视和对生命的思考。

元稹闻此噩耗，写下了一篇真挚沉痛的祭文《祭翰林白学士太夫人文》，并特意让侄儿代他来到下邽，拜祭白居易的母亲。

按照唐朝律令，此时的白居易只能暂时离开朝廷，丁忧守丧。在丁忧期间，他也了却了一桩夙愿。元和六年（811）十月，白居易将先前暂时安葬在下邽下邑里的祖父白锽、安葬在新郑县临洧里的祖母薛氏以及安葬在襄阳县东津乡的父亲白季庚的灵柩，全部迁葬到了下邽县义津乡北原。白居易的祖先都安葬在韩城县，但是自白锽以下，由于归葬不便，这才改葬到了下邽。同时，白居易还撰写了《太原白氏家状二道》，记述了他祖父和父亲一生的事迹。两年后，他将原本安葬在符离的外祖母和四弟白幼美的灵柩，也迁葬到了下邽义津乡。从此，四散分离的逝去的亲属，终于以这种形式团聚了。

亲人的离世，让白居易身心受到了重创。从元和六年（811）起，他一直病痛缠身，特别是在母亲去世后，病情更加严重。

原本以为迁葬好祖坟之后，可以休息放松一下，谁承想，没过多久，白居易年仅三岁的女儿金銮子突然夭折了。金銮子是白居易婚后的第一个女儿，备受白居易疼爱。在金銮子周岁时，第一次做父亲的白居易看着怀抱中娇憨可爱的女儿，心里非常高兴，特意写下了《金銮子晬日》一诗。昔日的温馨场面还历历在目，转眼间就已经阴阳两隔。爱女的离去，又一次给了还处在病痛中的白居易沉重的打击，他含着泪写下了《病中哭金銮子》。

岂料吾方病，翻悲汝不全。
卧惊从枕上，扶哭就灯前。
有女诚为累，无儿岂免怜。
病来才十日，养得已三年。
慈泪随声迸，悲肠遇物牵。
故衣犹架上，残药尚头边。
……

整首诗情感真挚，笔触悲痛，让人感受到白居易作为父亲对女儿深深的爱和失去女儿的哀伤，以及对命运多舛的无奈和感慨。

金銮子的离世对白居易的打击无疑是巨大的，以至于他在多年以后，写下了《念金銮子二首》《重伤小女子》等诗歌，怀念金銮子。

趣味延伸

伟大的母亲

元和元年（806）九月，元稹的母亲去世。他在遭贬途中得知母亲亡故的噩耗，想到连母亲最后一面都没能见到，哀难自禁，悲伤不已。五年后，白居易的母亲去世，元稹在《祭翰林白学士太夫人文》中还将自己当年丧母时的心情写了进去："逮稹谪居东洛，泣血西归。无天可告，无地可依。喘息未尽，心魂已飞。"

元稹母亲郑氏，出身书香门第。小时候，元稹无钱上学，郑氏就亲自教他读书识字。元稹八岁时，父亲突然病故，郑氏只好带着元稹的哥哥要饭，供元稹读书。元稹于心不忍，提出自己和哥哥一块儿去要饭。郑氏却流着泪说：“孩子，咱元氏门庭能否重新振兴，全部希望寄托在你身上了。”

在母亲和哥哥的勉励支持下，天资聪颖的元稹不负众望，十五岁参加朝廷举办的《礼记》《尚书》考试，实现两经擢第；二十三岁登吏部科，授校书郎；二十八岁应制“举才识兼茂、明于体用科”考试，授左拾遗。之后，他先后任河南县尉、监察御史、膳部员外郎、工部侍郎，直至当上宰相。

元稹的母亲去世时，白居易也为其撰写墓志铭，称赞郑氏在艰难中支撑门户、抚养子女、教育成才的高尚品德。

闲不住的大爱

连续痛失两个至亲，白居易的内心无疑是十分痛苦的，他早上为女儿哭泣，晚上为母亲哭泣，每天哭得双眼昏花。巨大的痛苦不仅摧残了他的身体，也摧残了他的心灵。料理完所有丧事，以及迁葬的事情之后，白居易突然觉得前路一片迷茫，不知道自己未来何去何从。看着缥缈的远方，无端的空虚和惆怅，扰得他心绪难以平静。

此时，他回想起自己这几年在朝廷上亲眼见到的种种不正之风，突然意识到自己当年“兼济天下”的理想犹如

南柯一梦，终究难以实现。他不由得发出了一声叹息："哎，正直的道路让我遭受责备，诡异的遭遇并非我的志向。心中十年的浩然之气，如今已经消散殆尽。"

这时候的白居易，有了归隐田园、回乡务农的想法。然而，在他走进农村，不断与劳动人民接触之后，又不由得发出了感叹："在众多的族群中，只有农民最辛苦。"一身正气的白居易，开始拿起笔，为这些偏远的百姓发声。

有一次，遇到天灾，一个农民到了年底家里一口吃的都没有。为此，他天刚亮就扛着锄头到山野里去采挖一种药材——地黄，可是他辛辛苦苦地挖到天黑，连一个小小的筐子都没装满。农民无奈地将自己辛苦挖出来的地黄，拿到富贵人家，祈求那些白白胖胖的富家子弟，买下自己的地黄："求求你们买下这地黄吧！拿

来喂你们的马，可以使它的毛色光泽发亮，都能映照到地面。我别无他求，只要换一点儿马吃剩下的饲料粮，以解救全家苦于饥饿的肚肠。”

农民的话，让白居易深受触动，于是写下了著名的乐府诗《采地黄者》，有力地抨击了豪门大户对农民的残酷剥削，也激起了百姓对那些豪门贵族的切齿痛恨。

那年冬天，天降大雪，很多穷苦老百姓都衣不蔽体，只能靠烧蒿草和荆棘来取暖，但还是冷得无法入睡，只能愁苦地坐在那里等待天亮。白居易得知这一情况后，想到自己穿着皮袄盖着被子，无论是坐着还是躺着都那么温暖。自己既没有遭受饥饿和寒冷的痛苦，平时也没有农田劳作的劳顿，不禁非常愧疚，于是写下了《村居苦寒》。

白居易与底层老百姓待久了，有时甚至会遭遇和老百姓相同的苦难。有一次，一群催索租税的官吏，突然闯入白居易的家里，让他亲身体验了一把被暴力收租。白居易将此事写入了《纳粟》一诗中。

有吏夜叩门，高声催纳粟。

家人不待晓，场上张灯烛。

扬簸净如珠，一车三十斛。

犹忧纳不中，鞭责及僮仆。

昔余谬从事，内愧才不足。

连授四命官，坐尸十年禄。

常闻古人语，损益周必复。

今日谅甘心，还他太仓谷。

白居易是丁忧居家的朝官，尚且被那些小官吏这样蛮横对待，普通老百姓如何被对待就可想而知了。

趣味延伸

唐朝的税租制度

唐朝最初实行租庸调制的租税制度。所谓“租”，就是每年向朝廷缴纳公田产量的一定比例（约为十分之一），主要是谷物。“庸”即每年向朝廷缴纳一定数量的布匹或丝绢（约为二石谷子折算），作为劳役的替代。农民也可以选择直接服劳役，即丁役，每户成年男丁每年为朝廷服役20天。而“调”则是指每年向朝廷缴纳一定数量的特产或工艺品，如绢、绵、布、麻等。此外，还有差役，即每户成年男丁每年要为地方政府服役30天。

然而，随着时间的推移，均田制遭到破坏，土地兼并现象加剧，租庸调制也逐渐失去了其适应性和合理性，成了一种束缚国家和社会发展的桎梏。为此，唐德宗时期宰相杨炎提出了两税法的税收制度，简化了税收制度，减轻了百姓负担。不过，后来这一制度也暴露出与土地私有制、居所登记制以及经济发展之间的矛盾和问题。

在当时，官员通常是有免税特权的。白居易在丁忧期间无官职在身，因此失去了这一特权，只能像普通百姓一样缴纳税租。

再度入朝，才子归来

丁忧期间，白居易久病不愈，导致他的生活异常窘迫。幸运的是，他得到了元稹以及翰林院的旧同事崔群、钱徽等人的资助，才得以避免挨饿受冻。

这一时期，白居易的内心充满了矛盾。他既渴望效仿陶渊明归隐田园，远离尘世的纷扰，又期待有朝一日能够重新被重用，为百姓请命，为国家分忧。这种矛盾的心态在他的作品中多有体现。他创作的《采地黄者》《村居苦寒》等诗歌，饱含了对百姓疾苦的关切之情；他写下的《新井》《赏花》《效陶潜体诗十六首》等诗歌，则流露出对宁静生活的向往。

这一时期的白居易，内心世界复杂而丰富，他的诗歌不仅反映了他在现实困境与理想追求之间的挣扎与思考，也为我们了解他的人生态度和价值观的转变提供了重要线索。

虽然已经做了最坏的准备，但服丧期满后，白居易没有被及时召回朝廷重新任用，这让他更加困惑和失落。

按照唐代的礼制，所谓的“三年丧期”，实际上只需服二十七个月即可。白居易从元和六年（811）四月开始为母亲守丧，如果顺利的话，两年多后即可除服，同年秋天就可以回到朝廷任职。但是，直到第三年，他也没有等到朝廷的任何诏令。很明显，当时朝廷局势的变化

导致权力结构和人际关系对白居易非常不利。

到了元和九年（814）八月，白居易的病情终于逐渐好转。这年八月的某一天，他决定前往蓝田县的悟真寺，展开一场身与心的旅途。白居易在这里尽情畅游了五个昼夜，他全身心地沉浸在寺庙的清幽中，创作出了诗歌《游悟真寺（一百三十韵）》。这是《白氏文集》中最长的一首诗歌，清代著名学者赵翼（瓯北）对其推崇备至，赞誉有加。

诗歌中的一段段生动而精彩的描写如同一扇扇窗户，透过它们，我们可以领略到唐朝时期的风土人情，也可以感受到诗人那敏感而丰富的内心。

这一年冬天，白居易终于如愿以偿地等来了朝廷的消息。他被授予太子左赞善大夫一职，奉旨入朝。左赞善大夫属于东宫的

官员，官居正五品上。尽管这个官职的品级比他之前的高，但实际职责只是劝谏太子的过失、辅助太子的礼仪，可以说是一个清闲的官职。

虽然这段时间白居易的仕途有些失意，但作为一位诗人，此时他在文坛上十分活跃，除了元稹，他还结识了李建、元宗简、张籍、李绅等众多志趣相投的诗友。特别是张籍，两人联系很是频繁。白居易很欣赏张籍傲视权贵、淡泊名利、视富贵如浮云的高尚品格，并写了《酬张十八访宿见赠》《读张籍古乐府》《寄张十八》《重到城七绝句·之三》《张十八》等诗。

趣味延伸

白居易与牛李党争

唐宪宗元和三年（808）的策试，注定是一场不平凡的考试。这届考生里，牛僧孺、皇甫湜、李宗闵等考生，忧愤于朝政衰败，节度使做大，说出一些针砭时弊的话。当时的考官裴垍、杨於陵、韦贯之当场就给他们高分，但这也得罪了当时的宰相李吉甫。于是，李吉甫便罗织罪名，指控考官们作弊，唐宪宗查都不查就把几名考官给贬谪了。朝中正直之士纷纷开始为裴垍等人打抱不平，唐宪宗不得不把李吉甫外调出去做了淮南节度使，顺带着把裴垍召回来做宰相。此后，两拨人正式结怨，党争雏形初成。

唐穆宗长庆元年（821）三月，又迎来了一场科举考试，当年的牛僧孺、李宗闵已在朝中颇有势力，这次李宗闵的女婿苏巢、杨汝士的弟弟杨殷士，还有宰相裴度的儿子裴撰都考上了进士。前任宰相段文昌就举报他们作弊，李德裕（李吉甫之子）、元稹表示支持，唐穆宗重新复试后，中榜之人中只有三个人能勉强过关。唐穆宗很生气，将李宗闵、杨汝士贬谪。牛李党争正式拉开序幕。

所谓牛李党争，是指以牛僧孺为首的牛党和以李德裕为首的李党之间相互争夺政治权力的斗争。白居易一生经历唐德宗、唐顺宗、唐宪宗、唐穆宗、唐敬宗、唐文宗、唐武宗，恰好经历了牛李党争的全过程。虽然他有意不参与党争，但总是难免被动地卷入其中。白居易丁忧三年期满未被任用，正是由于李吉甫当权所致。元和九年（814），李吉甫病逝，韦贯之任宰相，白居易才得以受命回朝。

遭诬蔑被贬江州

元和十年（815）的春天，也就是白居易重回朝廷的第二年，元稹结束江陵士曹的任期回到京城。当时，唐宪宗准备励精图治，诏命一批精英回归长安，他们当中很多人都是白居易当年的好友。故友重逢，白居易满心欢喜。然而，好景不长，在宦官与旧势力的挑拨下，唐宪宗一改初衷，将复归官员一律外放。继柳宗元、刘禹锡被任命为柳州、播州刺史后，元稹很快也被改授为通州司马。白居易与元稹相逢才不久，就于三月二十九日再度分别。相聚的时光虽然短暂，但白居易却始终难以忘怀。他在《与元九书》中生动地回忆了那段美好时光：春天他们游城南时，两人在马上相互嬉戏，各自吟诵自己新创的艳丽小律。从皇子陂到昭国里，轮流吟诗，歌声不断，长达二十余里。

分别后，白居易还写下诗歌《醉后却寄元九》，描述了当时分别的情景：“在蒲池村匆匆道别，沣水桥边独自徘徊。行至城门酒劲渐醒，万般离愁霎时涌上心头。”由此可见，白居易非常珍惜这段友谊。

没过多久，京城里又发生了一起震惊全国的大案。六月三日凌晨，天还没亮，宰相武元衡像往常一样，和随从从居住地靖安坊东出门，打着灯笼沿街北行，前往早朝。引导的骑兵在前面开路，武元衡骑马跟在后面。这时，突然有人高呼“灭烛”，紧接着，飞来几支暗箭，将随从的灯笼给射灭。随从们顿时慌乱起来，就在他们分神之际，一支暗箭突然射中武元衡的肩部。紧接着，一伙儿人从暗处冲了出来，直扑武元衡，并割下了他的头颅。那群刺客训练有素，整个过程很快就结束了。请注意，以上描述不是来自武侠小说，而是来自唐朝正史记载。

武元衡是武则天的后人。元和十年（815），淮西节度使吴元济谋反，时任宰相武元衡极力主张用武力平叛。唐宪宗于是下诏削吴元济官爵，命宣武等十六道进军讨伐。此时，与吴元济勾结的成德节度使王承宗、淄青节度使李师道等割据势力担心朝廷平叛淮西后，对自己也采取同样的政策，便不断游说朝廷不要用兵、采取姑息之策，但都遭到武元衡的严词拒绝。因此，他们对武元衡恨之入骨，一边派人不断在唐宪宗面前诋毁武元衡，一边命刺客行刺。当时，另一位主战宰相裴度也遭到了刺杀，只是裴度运气好，最终侥幸逃脱了。

更令人发指的是，当时的刺客还十分嚣张，他们给长安的警卫部队（金吾）和各府、县都发了威胁信，上面写着：“毋急捕

我，我先杀汝。（谁敢用心抓捕，我就先杀死谁。）”负责办案的人员看到后，都十分害怕。经此一事，朝廷官员人心惶惶，不知道该如何是好。此时，白居易不顾自己东宫文官的身份，第一个站出来，请求尽快捕贼雪耻。不承想，白居易的耿耿忠心，不仅没有得到嘉奖，反而给自己招来了一场无妄的祸端。

很快，有人站出来说白居易是东宫文官，不应该在谏官之先言事。紧接着，又有人跳出来弹劾白居易，说他的母亲是看花坠井死的，他却在丁忧期间写了《赏花》和《新井》两诗，这是不孝，不应在朝为官。

历朝历代，不孝对于朝官都是大罪。但实际情况是，白居易有每逢春暖花开就写诗的习惯，而《新井》一诗，更是多年前的

旧作，根本不是母亲丁忧期间所作。弹劾者所说的，纯属诬陷。面对众多针对白居易的弹劾，唐宪宗内心还是比较犹豫的。但迫于压力，他最终还是下达了将白居易贬为江州刺史的诏书。

诏书刚发出不久，中书舍人王涯还嫌白居易不够惨，立刻抓紧机会补刀，说白居易所犯的这些事有伤名教，不应该让他再去治理州郡。于是唐宪宗又追回了之前颁布的诏书，将白居易贬为江州司马。

趣味延伸

白居易是怎样被污蔑的

看花坠井这件事，宋人陈振孙的《白香山年谱》引用高彦休的《阙史》说道，白居易的母亲，向来患有精神方面的疾病。白居易的父亲去世之后，由于家里贫困，白居易兄弟常常旅居在各地，这使得她的病情更加严重。此前，去宣州时，她曾因忧愤发狂而用刀自杀，幸运的是被人当场救活。后来四处寻访医药，总是时而发作时而痊瘳，白居易只好安排两个壮实的婢女服侍她。有一天，婢女稍微有点儿疏忽，她就坠井而亡了。当时白居易的邻居御史中丞薛存诚还极力向裴度证明白居易的母亲确实有心疾，常常大声呼叫，邻里都有所耳闻，但也改变不了结果。

白居易的母亲是在元和六年（811）去世的，在白居易被授赞善大夫时没有人出来说话，而在白居易率先发言议事的时候，却突然有人跳出来用这件事来污蔑他。这无非就是一些人害怕白居易率先发言议事，获得宪宗的信任，进而得到提拔任用罢了。

游离官海独善其身

江州司马青衫湿

在封建社会的官场中，官僚互相挤兑、互相掐架，如同家常便饭，更何况白居易当上翰林学士和左拾遗后，对如于頔、裴均、王锷、严绶、俱文珍、李辅光、吐突承璀之辈，阿谀奉承上级、横行霸道且目无法纪的权臣、宦官，经常指名道姓地猛批或者讽谏，自然给自己树了一大帮政敌。因此，白居易遭人报复也是很正常的事。不过，白居易万万没想到的是，曾经跟他一块儿担任翰林学士的好友王涯这时候在背后捅了他一刀，想当年，白居易可是替王涯出过头的。

元和三年（808），王涯的外甥皇甫湜在参加制科贤良方正科策试时，得罪了把持朝政的奸相李吉甫。李吉甫说王涯录取他外甥（那时候王涯和白居易都是考官），涉嫌作弊，就怂恿唐宪宗把王涯贬谪。当时，白居易据理力争，对唐宪宗说皇甫湜确有真才实学，符合录取标准，王涯举贤不避亲不应该被罚。可是唐宪宗不听，坚持要将裴垍和王涯外放。正直的白居易甚至请求与裴垍和王涯一同受罚。

此事过后，皇甫湜与白居易的关系一直都很要好，白居易还写了《寄皇甫七》《访皇甫七》《哭皇七郎中》等诗作。白居易怎么都想不到，王涯这时候竟以德报怨，反过来背刺他。

不过，当时白居易可没时间想这些，因为按照唐朝的制度，贬官在接到诏书后必须即刻启程，白居易连家属都来不及带上，只拿上湘灵送给他的鞋子，便匆匆离去。他的大舅哥杨虞卿（当时为鄠县令）听闻消息后立刻赶去送行，结果直追到浐水，两人才匆匆见上一面。

白居易一路“急行军”般，行经望秦岭、韩公堆、蓝桥驿，一直到商州才停下喘口气。他的妻子怀抱刚出生的二女儿，领着他年幼的侄子，直到三天之后才跟上他的步伐，与他会合。之后白居易从商州出武关，经过内乡抵达故地襄阳（白居易年轻时随父亲在襄阳住过）。当初，元稹被贬江陵时走的就是这条路，所以，白居易在沿途常常能看到元稹的题诗。这也算是元、白隔空相会一场。

襄阳之后，他们沿着汉水进入长江，改走水路，途中经历了许多风浪，一直到这年十月，才抵达江州。初到江州，回想一路上遇到的挫折和坎坷，白居易不免悲切道：“皆疑此山路，迁客多南征。忧愤气不散，结化为精灵。”

在江州第二年秋日的一天，白居易送朋友去湓浦口，正在船里饮酒，恰巧碰到一位弹琵琶的妇人，听她讲起自己本是长安有名的乐伎，后来年长色衰无奈嫁给商人为妻的经历，又一次联想到自己被贬的事，心里郁积很久的愤懑之情，一下就爆发出来。

于是，他拿起笔创作出千古传诵的名篇——《琵琶行》。

一个是曾经志得意满的天子近臣，一个是曾经红极一时的乐坊名伎，同样来自长安，又同样沦落至此，一句“同是天涯沦落人，相逢何必曾相识”，感人至深！

如果说此前白居易的诗歌是为君主、为百姓而作，这首《琵琶行》却是为自己的不幸而作。有人甚至将这首诗看成白居易人生态度与创作理念的分水岭，曾经志在兼济天下的他被现实反复捶打之后，正在逐渐失去信心。

“座中泣下谁最多？江州司马青衫湿。”琵琶声再次响起，白居易悲泣的又何止这些？

趣味延伸

背刺白居易的王涯

王涯之所以背刺白居易，无非是为了迎合皇帝，讨好守旧的官僚和宦官集团，特别是正受宠的大宦官吐突承璀。王涯已不是第一次干这种事情了。在宦官拥立唐宪宗登基的时候，王涯就替他们起草过诏书，而且在唐宪宗继位后，身为新进一党的王涯竟站在宦官一边，对付“八司马”。

这次王涯背信弃义的收获是，白居易被贬的第二年，他就成了翰林学士，而且没多久便坐上了宰相的位置。当然，靠这种阴谋手段得来的东西，注定不能长久。元和十三年（818）王涯就因为“循默不称职”被罢免宰相之职，离开国家中枢。唐文宗大和九年（835），因“甘露之变”，王涯被禁军抓获，腰斩于子城西南隅独柳树下。后来，他全家皆被诛灭，家产田宅也被抄没。

六、白忠州喜相逢

白居易在江州时正值壮年，有理想、有抱负，长时间当一个没有实权的“闲官”，仿佛提前过上了养老般的生活，但心中难免惆怅与迷茫。

元和十一年（816）三月，白居易在《送春归》中表露出他当时的心情。

送春归，三月尽日日暮时。
去年杏园花飞御沟绿，何处送春曲江曲。
今年杜鹃花落子规啼，送春何处西江西。
帝城送春犹怏怏，天涯送春能不加惆怅。
莫惆怅，送春人。
冗员无替五年罢，应须准拟再送浔阳春。
五年炎凉凡十变，又知此身健不健。
好去今年江上春，明年未死还相见。

就在白居易在江州过着清闲生活，每天冷冷清清、凄凄惨惨地期待被重新起用的时候，朝廷和藩镇势力打得热火朝天。

元和九年（814）九月，割据一方的淮西节度使吴少阳死了。其子吴元济隐瞒了他的死讯，以吴少阳的名义上表由自己主持工作，并且四处出兵掳掠，残害朝廷官员。

吴元济的倒行逆施，令朝廷震怒。元和十年（815）正月，在武元衡的主持下，朝廷的平叛大军挺进了淮西。这一仗一打就是三年，直到元和十二年（817）冬，才算彻底平定了此次叛乱。淮西节度使吴元济的灭亡，吓坏了同样反叛的平户节度使李师道和成德节度使王承宗。他们纷纷上表割地赎罪，虽然朝廷暂时赦免了他们，但后来还是出兵将他们平定，彻底解决了自“安史之乱”后强藩割据的遗留问题，恢复了政令出自朝廷的统一局面。

尽管这段时间朝廷的精力都放在了平乱之上，但是白居易命运的齿轮，也在这几年开始悄然运转。元和十二年（817）七月，白居易的好友户部侍郎崔群担任中书侍郎、同中书门下平章事；而一年后，陷害白居易的中书侍郎、同中书门下平章事王涯，也被罢为兵部侍郎。这次人事变动，给白居易的贬谪生涯带来了转机。

元和十三年（818）十二月二十日，白居易苦等四年多，终于等来了量移的文书——改授忠州刺史。

在唐朝，官员被贬谪到远方，遇到赦免后改到近处任职，就叫作量移。中唐时期，被贬降的官员到任后，一般要五次考核期满，才准许量移。

虽然忠州不是一个大郡，但是白居易依旧十分开心，毕竟这标志着自己的贬谪生活从此结束，新的职业生涯即将开始。当时白居易还写有《除忠州寄谢崔相公》一诗。

提拔出泥知力竭，吹嘘生趣见情深。
剑锋缺折难冲斗，桐尾烧焦岂望琴？
感旧两行年老泪，酬恩一寸岁寒心。
忠州好恶何须问，鸟得辞笼不择林。

由于白居易接到文书的时候已经临近除夕，他便在江州过了年，直到第二年春天才从江州出发赴任。此次，他仍走水路，经岳阳、武昌，一路逆流而上。白居易一行人途经夷陵时，竟与由通州司马改授虢州长史的元稹不期而遇。

白、元人自从在长安沣水店头相别，已经有五年没有见面，只能通过相互寄送诗歌，于纸上抒发彼此的情谊。这一次重逢两人都格外高兴。当时，元稹是顺流而下，两人的行程仅在夷陵有交汇的地方，而恰好他们同时抵达了此处。不得不说，有时候缘分就是这么妙不可言。两人在夷陵饮酒赋诗，结伴游玩了一天。

第二天，本要告别，然而意犹未尽的元稹却决定驾船返航将白居易一直送到了下牢关（又名下牢戍）。

最后，他们在峡州附近登陆设宴欢庆。当时，白居易的弟弟白行简也和他同行，三位才子一同游览了此处奇丽的山林泉石，并且各自写了古诗二十韵，白居易还为之作序《三游洞序》。在序言中，白居易写景生动逼真，抒情含蕴深邃，既叙述了整个事情的经过，又表达了“怜奇惜别”的感慨。最后，三人在这里逗留了三天三夜，这才依依不舍地挥手道别，各自奔赴前程。后来这个地方也因此成了著名景点“三游洞”。

趣味延伸

长江三峡第一洞——“三游洞”

三游洞位于宜昌西北七千米处，是西陵山北峰峭壁上的巨大山洞。它背靠长江三峡的西陵峡口，面临下牢溪，景色奇丽，曾被古人喻为“幻境”，素有“长江三峡第一洞”的美誉。因此吸引了历代文人墨客将诗歌、散文、壁画、题记等，镌刻于石壁之上。至今洞内外尚存有宋代欧阳修题记、明代重刻之《三游洞序》等各种壁刻和碑文40余件。后来，苏轼、苏辙、苏洵也慕名而来，被称为“后三游”，而白居易、白行简、元稹的“三游”则被称为“前三游”。

此外，三游洞还是重要的革命遗址。土地革命时期，这里曾是中共鄂西特和宜昌县委的地下交通联络站，当时庙中“道士”有的是我党地下交通员。新中国成立后，1958年3月1日，周恩来为实现毛泽东“高峡出平湖”的宏伟蓝图，造福子孙后代，曾沿着陡滑的小道，亲临三游洞察看了岩石的层次，作了极为重要的指示。

刺史的“表白”

从峡州到忠州有一千三百多里水路。白居易和元稹在峡州分别后，元稹从江陵，经襄阳、洛阳前往虢州，而白居易则需要溯江西上，依次穿过三峡中的西陵峡、巫峡和瞿塘峡去忠州赴任。三峡风光奇特，让人震撼，但穿越三峡也是十分凶险的，稍有不慎，就会葬身滔滔江水之中。面对暗礁与险滩相继的川江，白居易写下了诗歌《初入峡有感》。

上有万仞山，下有千丈水。

苍苍两岸间，阔狭容一苇。

瞿唐呀直泻，滟滪屹中峙。

未夜黑岩昏，无风白浪起。

大石如刀剑，小石如牙齿。

一步不可行，况千三百里。

苒箬竹篾稔，攲危楫师趾。

一跌无完舟，吾生系于此。

……

从诗歌中我们不难看出，向来以旷达为怀的白居易，在面对险峻的三峡时，吟出“一跌无完舟，吾生系于此”，既是为此行能否平安抵达而感到惴惴不安，也是在感慨自己的时运不济。

长江三峡，风光旖旎，再加上白居易乘坐的是气派的官船，本来很适合游赏两岸风光，但此时白居易游玩的兴致并不高。他在诗歌《题峡中石上》中表露了自己的心声 ：“巫女庙花红似粉，昭君村柳翠于眉。诚知老去风情少，见此争无一句诗。”其中“老去风情少”，究竟是人老，还是心老了呢？我们可以去品一品白居易的另一首诗《夜入瞿唐峡》中的结句："欲识愁多少，高于滟滪堆。"

当然，"风情少"的白居易也有例外。当船经过秭归时，白居易听说距州城东北约四十里的地方就是昭君村，于是立刻来了兴致。白居易十七岁时便写了《王昭君二首》，留下了"汉使却回凭寄语，黄金何日赎蛾眉？君王若问妾颜色，莫道不如宫里时"这样的诗句，这次途经王昭君的出生地，自然要游览一番。时隔三十一年，白居易写下了另一首《过昭君村》，虽然主题都是说王昭君，但是此时的诗歌中，更多地流露出"亦如彼姝子，生此遐陋村""独美众所嫉，终弃于塞垣""白黑既可变，丹青何足论。竟埋代北骨，不返巴东魂""不取往者戒，恐贻来者冤。至今村女面，烧灼成瘢痕"等沉重的感慨。

元和十四年（819）三月二十八日，白居易终于平安抵达山城忠州。当船靠岸时，已是黄昏时分。此时，卸任的忠州刺史李景俭已经在岸边等待为白居易接风洗尘。李景俭原属“八司马”党，此前白居易就通过元稹与他相识，并且还成为很好的朋友。此次相见，虽然白居易是来接替李景俭位置的，但两人还是格外高兴，白居易还写有诗歌《初到忠州赠李六》。

好在天涯李使君，江头相见日黄昏。
吏人生梗都如鹿，市井疏芜只抵村。
一只兰船当驿路，百层石磴上州门。
更无平地堪行处，虚受朱轮五马恩。

虽然诗歌中说忠州是个萧疏荒凉的州城，但也不难看出此时的白居易已经一扫心中阴霾，没有了一路上的抑郁与惆怅。

正式上任后，白居易做的第一件事情，便是向朝廷上表称谢。白居易在《忠州刺史谢上表》中先表示自己已经认识到了错误（“不能周慎，自取悔尤”），并做了一番深刻检讨。然后又为此次能够量移忠州，向皇帝表达了感激之情（“喜极魂惊，感深泣下”），最后他还不忘表达自己报效朝廷的决心（“誓当负刺慎身，履冰励节，下安凋瘵，上副忧勤未死之间，期展微效”）。白居易久居翰苑，写这种官样的“检讨书”自然不在话下，但不管这里面有多少客套话，至少此时白居易“下安凋瘵”的民本主义思想，未完全泯灭。

趣味延伸

有虎出没的忠州

唐朝的忠州，隶属于山南东道，北距长安大约有两千二百里，是个人口不足五万的下等州。州城坐落于长江北岸的山坡之上，居民依山建造房屋，街道简陋且狭窄。当年，杜甫前往夔州时路过此地，还写过诗歌《题忠州龙兴寺所居院壁》。

忠州三峡内，井邑聚云根。
小市常争米，孤城早闭门。
空看过客泪，莫觅主人恩。
淹泊仍愁虎，深居赖独园。

诗中所说，城区竟然不时有老虎出没，人们只得早早把城门闭上，这足以证明其荒凉凋敝。在这里的经历也对白居易从“兼济天下”到“独善其身”的转变，起到了一定的推动作用。

寄情花草，关注民生

忠州地处僻远荒凉之地，且当地的风俗习惯与语言和北方迥异，白居易到达此处后显得格格不入。他听不太懂当地话："安可施政教？尚不通语言"；吃不惯当地饭："衣缝纰颣黄丝绢，饭下腥咸白小鱼。"

在安顿下之后，白居易逐渐喜欢上了这里。虽然已经对朝廷之事有所厌倦，但是白居易依旧关注民生。忠州偏僻荒凉，百姓生活艰难，白居易便开始全身心投入，轻徭薄赋，劝农勤作。他觉得，在地方为政就应该清简，没事不要折腾百姓，要减少百姓的痛苦，只要百姓丰收，自己就可以"无所为"。不管身处何地、官居何职，白居易关注民生的情怀始终没有变。这在白居易的诗歌《征秋税毕题郡南亭》中有充分体现。

且喜赋敛毕，幸闻闾井安。

岂伊循良化，赖此丰登年。

案牍既简少，池馆亦清闲。

秋雨檐果落，夕钟林鸟还。

在白居易看来地方官就是皇帝的催租吏，只要赋税收取完毕，自己也就尽到了责任。白居易担任忠州刺史期间的政绩无从考察，但可以看出他轻徭薄赋，政省刑宽，与民休息的爱民思想，是始终贯彻到底的，这对于当地的百姓来说，无疑是一个休养生息的好机会。

平时除了处理公务，白居易开始栽花、种树。他先在城外东坡上种一些树，又在东溪插些柳，然后将荔枝、木莲树等关中原本没有的树，悉数搬了过来。最后，还请人将这些树画成图画，系以诗文寄赠给朝中亲友。按白居易自己的说法是，他在蜀中也不是没有人，只不过知交太少，自己只有种花和树，才可以稍慰寂寥。如果说当时白居易在江州是“与鸟兽同群”，那么量移后，更降一等，变成“与草木为群”了。

在此期间，白居易还创作了诗歌《东坡种花二首》。

持钱买花树，城东坡上栽。
但购有花者，不限桃杏梅。
百果参杂种，千枝次第开。
……
养树既如此，养民亦何殊。
将欲茂枝叶，必先救根株。
云何救根株，劝农均赋租。
云何茂枝叶，省事宽刑书。
移此为郡政，庶几甿俗苏。

当时，忠州还是一个少数民族聚居的地方，当地有非常著名的民歌——《竹枝》。《竹枝》的声调十分凄婉，用方言俚语表达情感，唱竹枝歌最是惬意。当年，白居易的好友刘禹锡在被贬为朗州司马时，听到《竹枝》后，一直念念不忘，并倚声写了十几篇《竹枝词》。

白居易听到《竹枝》后，即便语言不通，却也对那哀怨凄凉的声调产生了共鸣。他在诗歌《竹枝词》中写道：

巴童巫女竹枝歌，懊恼何人怨咽多。

暂听遣君犹怅望，长闻教我复如何！

趣味延伸

巴渝民谣《竹枝》

《竹枝》是唐朝教坊曲名，本是巴渝一带民谣，多体现边远偏僻地区的民俗风情。其得名，来自曲中和声“竹枝”。在《竹枝》的演唱过程中，不时会出现“竹枝”“女儿”的和声，唱的是一人，和的可以是许多人。类似于《采莲曲》中“举棹”“年少”等词。

如孙光宪《竹枝》：

乱绳千结（竹枝）绊人深（女儿），
越罗万丈（竹枝）表长寻（女儿）。
杨柳在身（竹枝）垂意绪（女儿），
藕花落尽（竹枝）见莲心（女儿）。

唐贞元年间，刘禹锡曾在建平（今重庆巫山）见到当地小儿联歌《竹枝》，于是仿效屈原作《九歌》的例子，借用传统“竹枝”体为其谱写新辞九章，称《竹枝词》。

脱下绯袍，重返长安

虽然唐宪宗前期很依赖宦官，但他在位期间解决了藩镇割据的问题，使得大唐出现了短暂的“中兴”局面，也称得上是一代“英主”。然而，善始者实繁、克终者盖寡，唐宪宗到了后期，便逐渐变得昏庸无道、骄奢淫逸，甚至倒行逆施。皇帝的昏庸，自然让一些奸臣有机可乘。于是，贪得无厌、阿谀奉承的皇甫镈、程异，通过卑劣手段先后窃据了宰相之位，忠诚正直、刚正不阿的宰相裴度、崔群相继被罢黜。

唐宪宗开始迷信佛教。元和十四年（819），唐宪宗下令把法门寺的佛指舍利请到京城长安，准备办一场盛大的“佛指文化节”。当时，韩愈站出来极力劝诫，险些被盛怒之下的唐宪宗斩杀，幸亏裴度和崔群求情，才免于一死，但最后也被贬为潮州刺史。

后来，唐宪宗听信皇甫镈的蛊惑，宠信方士柳泌，服用了大量“金丹”，导致脾气暴躁，喜怒无常，动不动就玩起“杀人游戏”，使得身边的人都战战兢兢，生怕一不小心就小命不保。

元和十五年（820）正月庚子晚上，唐宪宗突然在大明宫中死去。有传言，是宦官陈弘志与王守澄联手

在中和殿杀害了唐宪宗，然后对外宣称皇帝暴崩。可惜，一代中兴“英主”，由宦官拥立，最后也死于宦官之手。宦官不仅夺去了唐宪宗李纯的性命，也葬送了他所开创的“元和中兴”的大好局面。

白居易虽然被贬，但他之前是唐宪宗提拔起来的，还在唐宪宗身边做了四年翰林学士。当得知这个消息时，他不禁痛哭流涕。他在酬答其好友李绛的一首诗歌《奉酬李相公见示绝句》中写道：

碧油幢下捧新诗，荣贱虽殊共一悲。

涕泪满襟君莫怪，甘泉侍从最多时。

唐宪宗死后，宦官集团因拥立谁继承皇位产生了分歧，并大动干戈。最后，中尉梁守谦与宦官马进潭、刘承偕、韦元素、王守澄等人杀掉左军中尉吐突承璀以及他拥立的澧王李恽，推选唐宪宗第三子李恒坐上了皇帝的宝座，即唐穆宗。

所谓“一朝天子一朝臣”，唐穆宗继位后，朝廷局势随之发生重大变化，奸相皇甫镈被贬为崖州司户，方士柳泌、僧大通被杖杀，翰林学士段文昌、御史中丞萧俛相继担任宰相。

新任宰相萧俛与白居易于元和元年（806）同登才识兼茂明于体用科，二人有一定的交情。元和十五年（820）夏，白居易终于盼来了朝廷的诏书，结束了五年的谪迁生活，回到京城长安，成了尚书刑部司门员外郎，半年后改授主客郎中、知制诰。

司门属刑部，员外郎是从六品上。虽然品秩比忠州刺史（五品）低，但这是朝官，含金量要比五品的忠州刺史高。然而，此次回朝白居易并没有感到庆幸和兴奋，反而感慨万千，心中无限凄怆。他在诗歌《恻恻吟》中写道：

恻恻复恻恻，逐臣返乡国。
前事难重论，少年不再得。
泥涂绛老头斑白，炎瘴灵均面黎黑。
六年不死却归来，道着姓名人不识！

这首哀怨绝伦的歌行体古诗，充满了难以遏制的悲愤。此番回京，白居易再也没有当年“兼济天下”的志向，“独善其身”成为他追求的处世之道。

这一年，白居易已经四十九岁。曾经的青春与志气已经耗在了贬谪的路上，在回京途中，白居易写下了诗歌《重过寿泉，忆与杨九别时，因题店壁》：

……

一去历万里，再来经六年。

形容已变改，处所犹依然。

……

趣味延伸

唐朝的官服制度

在唐朝，官服的颜色代表官员的品级，三品以上官员穿紫袍，五品官员穿浅绯袍，六品官员穿深绿袍，七品官员穿浅绿色袍，八品官员穿深青色袍，九品官员穿浅青色袍。

白居易此时是六品，不应穿绯袍，所以，白居易有《初除尚书郎，脱刺史绯》一诗。

亲宾相贺问何如，服色恩光尽反初。

头白喜抛黄草峡，眼明惊折紫泥书。

便留朱绂还铃阁，却著青袍侍玉除。

无奈娇痴三岁女，绕腰啼哭觅金鱼。

党争困扰，元、白危机

唐穆宗即位以后，不止白居易被召回了京城，他的很多好友也纷纷被召回或改任官职。例如，李绛任御史大夫，牛僧孺任御史中丞，钱徽任礼部侍郎，李宗闵为中书舍人，元宗简迁京兆少尹，韩愈也从袁州回到京城担任国子祭酒，大舅哥杨虞卿担任监察御史，弟弟白行简被授予左拾遗……总之，白居易昔日的好友基本上都得到了升迁。当然，我们还不能忘了白居易铁杆好友元稹，他在唐穆宗时期也算混得风生水起。只不过元稹的此次崛起，

颇有争议。

当年，元稹在敷水驿和宦官刘士元争厅事件发生后，被贬为江陵士曹。按道理，他应该对宦官势力更加痛恨才对，可没想到元稹去了江陵之后，却与当时的监军崔潭峻（当时唐朝有宦官监军的制度）混在一起。后来，崔潭峻得知唐穆宗即位前常让宫人诵读元稹的诗，就乘机献上一百多首元稹的诗作。很快，元稹就入朝为膳部员外郎，紧接着又改任祠部郎中、知制诰。朝中大臣觉得元稹通过宦官上位，对他有不少非议。

随着好友们的崛起，白居易也逐渐被唐穆宗重用。但此时“牛李党争”矛盾更甚，白居易对此忧心忡忡。果然，入朝后不久，他又卷入一场政治旋涡之中。

长庆元年（821），朝廷准备了一场进士考试。在考试之前，宰相段文昌向主持考试的礼部侍郎钱徽私下推荐了杨浑之，翰林学士李绅也推荐了周汉宾。然而等到揭榜之后，被推荐的二人竟然都没中选。而李宗闵的子婿苏巢、杨汝士的弟弟殷士、郑覃的弟弟郑朗、裴度的儿子裴谠，全都及第了。段文昌对此大为不满，认为礼部考试不公，所取进士都是公卿子弟，并无才艺。唐穆宗询问翰林学士李德裕、元稹、李绅的意见，三人也都认为段文昌的话是对的，于是唐穆宗便命王起、白居易等主持复试。

这一决定让白居易陷入了两难的境地，这件事中，钱徽、李宗闵、杨汝士等是一方，李德裕、李绅、元稹等是一方，涉事双方除了李德裕，其他人不是白居易的朋友，就是他的亲戚，而且双方中元稹和李宗闵都急于进取，想在官场上更进一步，因为竞争关系，两人早有嫌隙。

复试结果不管怎样，白居易都无法阻止朋友之间相互倾轧的场面。尽管白居易不愿意看到这样的场面，但无奈他是奉旨复试，也只好秉公处理。最后复试结果是郑朗、苏巢、杨殷士等十个人都没有考上。白居易看到结果后，写有《论重考试进士事宜状》解释道：礼部试进士时可以用书策，并且是通宵考试，而复试的时候，却是“书策不容一字，木烛只许两条”，成绩自然差些，因此郑朗、苏巢等人虽然没考上，但是情有可原。白居易希望穆宗能够理解，然而，唐穆宗听不进去，最后直接将钱徽贬为江州刺史，李宗闵贬为剑州刺史，杨汝士贬为开江令。

李宗闵和杨汝士劝钱徽把当时段文昌托他关照杨浑之的私信拿出来呈交皇帝，但是钱徽却说："苟无愧于心，得丧一致，怎能把私书公开呢？"随即便把段文昌的那封信烧了。由此可见，这件事钱徽等人很有可能是被冤枉的。

这次纠纷之后不久，元稹和裴度之间又起冲突。唐宪宗去世后，由于唐穆宗对河北藩镇处置不当，再次出现叛乱。唐穆宗便派裴度为镇州四面行营都招讨使讨乱。元稹见裴度声望大增，怕他盖过自己，于是便和宦官、知枢密魏弘简勾结，阻挠裴度。裴度非常愤激，上表揭发他们的阴谋。最后穆宗不得已，只好以魏弘简为弓箭库使，解除元稹翰林学士的职位，改为工部侍郎。

即便如此，唐穆宗对元稹仍然十分信任。后来，崔植罢相，改为刑部尚书，唐穆宗立刻拜元稹为相。这时，元稹又劝穆宗罢兵，于是裴度被解除了兵权，改为东都留守。

白居易见朋友如今变成了这个样子，痛心不已。他深知在国家大事面前，不能因私废公，于是给唐穆宗上表《论请不用奸臣表》，严厉地谴责了元稹打击功臣的行为，同时表示要与元稹绝交。昔日两个惺惺相惜的密友，在这一刻决裂了。

不过也有人否认以上说法，认为是后人为了推崇裴度，恶意抹黑元稹。因为白居易、元稹二人后来交往一直亲密，终其一生。真相究竟如何，我们无法判定，但此刻，元、白二人确实再次面临着仕途中的又一次危机。

在宰相位置干了不到五个月的元稹，很快被奸臣李逢吉诬陷准备勾结宦官刺杀裴度，被贬为同州刺史。

不久，谏议大夫李景俭等因酒后发泄对朝政的不满而被唐穆宗贬放出京，白居易也萌生了退意。不久后，他主动请求外出为官，想要离开这个“是非之地”。他在《自问》一诗中写道：

黑花满眼丝满头，早衰因病病因愁。

宦途气味已谙尽，五十不休何日休。

趣味延伸

唐朝宰相的权力

宰相是中国古代帝王之下的最高行政长官，具体名称和地位在不同朝代各有不同，包括但不限于太宰、相、相邦、相国、丞相、大司徒、尚书令、中书令、侍中、尚书左仆射、尚书右仆射、同平章事、内阁大学士、军机大臣、总理等。

唐朝实行的是“群相制”，是皇帝一段时期授予一批高官的一项半正式官名。唐太宗即位初期，多宰相的制度被正式化，以尚书省、门下省、中书省长官被认为宰相。后来陆续有调整。最初，宰相定期在政事堂相聚，政事堂最初在门下省，后来又移到中书省、中书门下。唐肃宗年间，宰相开始轮流休假，确保至少一个宰相能当值。

自求外放，赴任杭州

白居易这次入朝，虽仕途比较顺利，在短短两年内三任科举主考官，又升为朝散大夫，转上柱国，最后官拜中书舍人，但他的心情十分抑郁。一是由于唐穆宗耽于游嬉，荒淫昏庸，导致已被平服的河北三镇起而复叛，宦官专权、朋党倾轧等现象愈演愈烈，很快便葬送了唐宪宗毕生开创的“中兴”局面；二是朝堂中相互倾轧的同僚，同时也是他的朋友，他们有的死亡，有的变节，有的遭贬谪，有的遭受逆乱，朝堂危机四伏，这让他感到无所适从。因此，

白居易感到“宦途气味已谙尽”，决定不在朝争名，甘心外任，只求做一个远离是非的“隐吏”。

长庆二年（822）七月十四日，白居易外任杭州刺史的诏书终于下来了，这年白居易刚满五十一岁。

由于在白居易任杭州刺史的几天前，汴州刚发生军乱，白居易只好改由襄、汉道赴任。于是，这次赴杭州的道路与之前他被贬江州，变成了同一路线。但此时他的心情与此前已经完全不一样。一方面，这是白居易主动请求外调的，是为了摆脱主上荒纵、朋党倾轧、政局紊乱的朝廷，所以心中充满解脱的愉悦与轻松；另一方面，杭州是江南大郡，物产富庶，风光优美，是很多人都向往的好地方。

当路过蓝田县境的蓝溪时，白居易写下了《长庆二年七月自中书舍人出守杭州路次蓝溪作》，倾吐这次赴杭州上任的缘由与心情。

太原一男子，自顾庸且鄙。
老逢不次恩，洗拔出泥滓。
既居可言地，愿助朝廷理。
伏阁三上章，戆愚不称旨。
……

整首诗语言优美，意境深远，不仅表达了对皇帝的感激之情，也反映了白居易的“委顺”思想。在经历了一系列朝堂风波之后，白居易似乎看破“红尘”，学会不强求、不抗争，一切顺应自然，颇有一种老庄哲学的味道。

与此前不同，这次白居易一边赶路，一边欣赏沿途的美景，似乎那时的他已经明白了人生的意义不在于终点，而在于沿途的花花草草。一路上，白居易诗兴大发，写下了几百首诗歌。

途经灞陵东阪隐士骆峻的野居小池，因有感于骆峻不慕荣利、隐居不仕的高节，白居易遂在诗歌《过骆山人野居小池》中写道：“门前车马路，奔走无昏晓。名利驱人心，贤愚皆扰扰。善哉骆处士，安置身心了。何乃独多君，丘园居者少。”

到达蓝田县辋谷的清源寺时，白居易忆起当年被贬时曾在此过夜，而如今旧地重游却已物是人非，他不由得发出了“不见旧房僧……世界迁陵谷”的感慨。夜宿蓝溪，望见头顶明月，白居易不禁引发“昨夜凤池头，今夜蓝溪口。明月本无心，行人自回首”的忧思；目睹毛茸茸的秋蝶，伴随紫蒙蒙的秋花遭霜露而一同萎谢时，他体会到了“朝生夕俱死，气类各相从。不见千年鹤，多栖百丈松”的理趣；看到路边的枯树，他悟到了“皮黄外尚活，心黑中先焦。有似多忧者，非因外火烧”的禅道。

与此同时，白居易思念起故友。在商山桐树驿馆，他望见元稹所写的题诗，写下了满腹惆怅的《桐树馆重题》；摸到亡友李建赠送的旧纱帽时，他创作了《感旧纱帽》：“物故犹堪用，人亡不可逢。岐山今夜月，坟树正秋风。”

此时的白居易就像一个行吟诗人，走到哪里，写到哪里。一首首诗歌，如同三月的柳絮，又似深秋的梧桐，紧随白居易的步伐，飘向了远方。

趣味延伸

唐朝官员的外放

在唐朝，著名的官员除了白居易，杜牧也曾主动申请过外放。所谓外放，就是申请去当地方官。那个时代，知识分子科考不容易，留在天子脚下做官更是很多人梦寐以求的事情。与地方官员相比，京官意味着更优厚的待遇和更多的升迁机会。只有那些得罪了皇帝和权贵的京官，才会被外放到偏僻的地方去做官。例如，唐代著名宰相褚遂良，就是因为反对册封武则天为皇后被贬到潭州（今长沙）做刺史，时任行军司马的韩愈因劝阻唐宪宗供奉佛骨被贬到潮州做刺史。

唐朝中期以后，地方官员的俸禄逐年提升，富庶一些的州郡（上州）甚至超过了京官。所以，那时不断有京官申请当上州的地方官。与白居易厌倦了朝廷的纷争不同，杜牧在《上宰相求杭州启》《上宰相求湖州》中都明确表示，自己一家人口众多，家庭负担沉重，而京官俸禄不高，因此请求到地方上去做官。他所求的杭州、湖州的俸禄，属于上州。据唐书记载，上州刺史月奉八十贯，相当于八十两银子。

一笑泯恩仇

白居易一路上走走停停，时而看看花花草草，时而观赏山山水水，直到长庆二年（822）十月一日，才抵达杭州。

白居易被贬江州时，所任的司马是一个闲职，平时没什么事情可做。后来被贬到忠州，又因为那里地处偏僻、人口较少，所以也没有太多公务要处理。而现在到了杭州，就和以前大不一样了。唐朝时杭州已经是一个富庶之地，同时也是朝廷赋税来源所仰赖的大郡之一。白居易刚到杭州就深感责任重大，于是在《杭州刺史谢上

表》中恳切地向皇上表示："唯当夙兴夕惕，焦思苦心。恭守诏条，勤恤人庶。下苏凋瘵，上副忧勤"，自己决心用勤政爱民的实际行动，来回报朝廷对他的信任与重用。

虽然，白居易给唐穆宗的上表是外放官员上任后都要写的，但是其中流露出的关心百姓疾苦、一心为民的思想是白居易一直秉持的。

在诗歌《初领郡政衙退登东楼作》中，白居易就写到自己刚到任时的情形：

鳏茕心所念，简牍手自操。
何言符竹贵，未免州县劳。

因为关心百姓的疾苦，白居易不得不凡事都要亲自动手。由此可见，他并没有因为自己对官场、对仕途失去兴趣，就只顾自己享乐，弃百姓于不顾。他自己一心为民，也并非为了仕途的升迁。

后来，白居易又在《醉后狂言，酬赠萧、殷二协律》中写出了自己的理想——衣被天下：

我有大裘君未见，宽广和暖如阳春。
此裘非缯亦非纩，裁以法度絮以仁。
刀尺钝拙制未毕，出亦不独裹一身。

此时，白居易的好友钱徽、李谅分别任湖州刺史和苏州刺史。由于这三个州是相邻的，白居易和好朋友虽然不能见面，但互寄诗歌，通信方便了很多。白居易在给钱徽和李谅的诗歌《初到郡斋寄钱湖州李苏州》中得意地说：“霅溪殊冷僻，茂苑太繁雄。唯此钱唐郡，闲忙恰得中。”

与朋友隔空相聚，让白居易在繁忙的工作间隙，也获得了不少快乐。最让白居易开心的是，和元稹再次相聚，冰释前嫌。

长庆三年（823）十月，元稹由同州刺史改为越州刺史兼浙东观察使。元稹在去越州的途中，路过杭州，白、元二人又一次会面了。秋风轻拂，落叶飘舞，元稹的身影出现在杭州的街头。他的神情中带着些许疲惫和无奈，昔日的风光不再，却多了一份沉稳和成熟。

白居易听闻元稹到来，心中涌起一阵喜悦与期待。他匆匆赶往约定的地点，眼中满是对友人的关切。当年，白居易公开表示要与元稹绝交时的义愤填膺，已经被时间冲淡了，取而代之的是一种久别重逢的喜悦与温暖。白居易明白元稹只是一时糊涂，他的内心依旧是纯正的，依旧是关注底层百姓的。

夜幕降临，灯火阑珊。白、元两人围坐在桌前，举杯畅饮，月光照在酒杯上，闪烁着晶莹的光芒。从此以后，白、元两人又恢复到了往日的交流，他们以诗简相互唱酬，好不开心。

趣味延伸

唐朝官员写给皇帝的文书

唐朝的公文分为上行文、下行文、平行文三种。其中，上行文有六种，给皇帝的叫表或状，给皇太子的叫笺或启，给长官的叫牒，平民百姓进言叫辞。这些公文原则上都要通过门下省呈给皇帝。

那表和状有什么区别呢？表是外臣上书，状是近臣上书。近侍官包括中书门下二省的拾遗以上及御史台的监察御史以上各官员。前文中白居易外放到杭州，写给皇帝的《杭州刺史谢上表》就属于表。

被诗文"耽误"的治水能手

在杭州期间，白居易几乎将全部精力都投入工作之中。作为一方守土之臣，他不愿尸位素餐，更不情愿看到自己辖区内的百姓生活过得不如意。

经过一段时间操劳，杭州的工作终于走上了正轨，白居易这才松了一口气。他在诗歌《腊后岁前遇景咏意》中写道："公事渐闲身且健，使君殊未厌余杭。"可见，他对杭州的喜悦之情跃然纸上。

一直以来，白居易始终觉得爱民是最重要的，并提倡政事精简、刑罚宽松，而且在杭州留下了许多关心民众疾苦、舒缓民众困难的良政。

建中二年（781）李泌担任杭州刺史期间，曾给杭州修筑了著名的饮水工程“六井”，即相国井、西井、方井、金牛井、白龟井、小方井。后来，随着时间的推移，以及继任者的忽视，“六井”逐渐荒废、堵塞。深知饮水对百姓生活的重要性，白居易上任后立即组织人马，对“六井”进行疏通，让百姓喝上了放心干净的水。不仅如此，白居易还以实地观察为依据，深入研究了井水同湖水的关系，并提出了一套合理的整治意见：

其郭中六井，李泌相公典郡日所作，甚利于人。与湖相通，中有阴窦。往往堙塞，亦宜数察而通理之。则虽大旱，而井水常足。

此外，由于白居易到任时赶上杭州大旱，百姓过得很艰难，他深知干旱与洪涝灾害对于老百姓的伤害有多深，于是在西湖边修筑了一道长堤，以便蓄水灌田，被称为“白公堤”。为了让后面继任的刺史都能注意到这个长堤蓄泄的关键，他又写了一篇《钱塘湖石记》，并为继任者总结了四个要点，刻在了石头之上：

> 凡放水溉田，每减一寸，可溉十五余顷；每一复时，可溉五十余顷。先须别选公勤军吏二人，立于田次，与本所由田户，据顷亩，定日时，量尺寸，节限而放之。若岁旱，百姓请水，须令经州陈状，刺史自便压帖，所由即日与水。

大致意思是，每次放水灌溉田地时，湖面水位每降低一寸，可以灌溉十五顷左右；每个昼夜，可以灌溉五十多顷。灌田之前需要挑选两个官吏，站在农田和湖边，会同本地农户，根据农田的面积，约好放水的时间，算好放水的尺寸，限量放水。如果遭遇旱年，百姓请求放水，必须让他前往州衙递交状纸，刺史立即批给地界，当天放水。可以说，这是一份非常详尽的说明书。

白居易还提到，民间传说放湖水对钱唐县官不利，县官就常常找借口来迷惑刺史，有的说鱼龙无处藏身，有的说不利于茭白、菱藕的生长。对此，他反问道：“鱼龙与百姓的生命相比，哪一个更重要呢？”可见其拳拳爱民之心。

这一套方案，缜密而周到，既能达到节约用水的目的，又能确保灌溉耕地，不误农时。由此可以看出，白居易为了这项水利工程，花费了很多精力与心血。

另外，为了解决湖内超量的淤泥，白居易让人把清出的淤泥堆积在原来白沙堤之上，并对其修补加固，还在上面种树，夯实根基。

“治湖浚井”和“西湖筑堤”的两项举措，的确曾给杭州的人民带来了实惠。以至于到了北宋时期，苏轼还写了《六井记》，赞扬白居易的功绩。

趣味延伸

西湖的白堤是白居易修建的吗

杭州西湖的白堤，原名“白沙堤”，东起“断桥残雪”，经锦带桥向西，延伸至“平湖秋月”，共长约一千米。唐朝时，白堤就被称为白沙堤、沙堤，到了宋、明两朝，又称孤山路、十锦塘。白沙堤本是为储蓄湖水灌溉农田而建。人们以为这条堤是白居易主持修筑的，因此就叫它白堤。

实际上，白居易任杭州刺史时，白沙堤就已经存在。他还曾以“最爱湖东行不足，绿杨阴里白沙堤”赞颂其风光，后人为纪念白居易，便将此堤命名为白堤。白堤虽非白居易修建，但是因白居易而闻名。

遗情洛阳时光

杭州的美景让白居易十分陶醉。他在工作之余，不是欣赏杭州的美景，就是和朋友一边喝酒一边欣赏杭州的美景。孤山寺下看云，西湖边上观水，伍员庙里听涛声，红藕花中品人生……纷繁的美景让白居易的创作灵感源源不断地迸发。

在这里，白居易写下了《钱塘湖春行》《杭州春望》《春题湖上》《余杭形胜》《湖上招客送春泛舟》《江楼晚眺景物鲜奇吟玩成篇寄水部张籍员外》《西湖晚归回望孤山寺赠诸客》《西湖留别》《杭州回舫》《送姚杭州赴任因思旧游二首》《答客问杭州》《忆江南二首》等脍炙人口的诗篇。

此外，白居易对杭州的歌舞也甚是喜欢，为此他写下了《柘枝妓》一首。

平铺一合锦筵开，连击三声画鼓催。
红蜡烛移桃叶起，紫罗衫动柘枝来。
带垂钿胯花腰重，帽转金铃雪面回。
看即曲终留不住，云飘雨送向阳台。

杭州不光有数不尽的美景和美酒，还远离朝廷的纷纷攘攘，白居易恨不得这辈子就待在这里了。然而，天总是不遂人愿。长庆四年（824）正月，荒淫无度的唐穆宗逝世，十六岁的唐敬宗（李湛）继位。同年三月，唐敬宗一纸任命书便将白居易调回了京城。

这次白居易的官职是太子左庶子——一个正四品的闲官，就是每天跟在太子左右，指导太子言行。虽然暂时不在权力中心，但是有朝一日，如果太子登基，前途还是不可限量的。然而，此时的白居易早就从“兼济天下”退守为“独善其身”，他不关心官场上的是非，只想“祇拟江湖上，吟哦过一生”。因此，当接到朝廷的诏书时，白居易并没有太多激动，而是一拖再拖，直到这年五月才依依不舍地离开杭州。

离开杭州时，当地的老百姓纷纷来到路边，给白居易送行。百姓惜别的情景，使白居易不禁潸然落泪，并写下了诗歌《别州民》。

耆老遮归路，壶浆满别筵。
甘棠无一树，那得泪潸然。
税重多贫户，农饥足旱田。
唯留一湖水，与汝救凶年。

白居易发现，唐敬宗登基后，比唐穆宗更加昏庸，而宰相李逢吉也越发跋扈。他构陷李绅，将其贬为端州司马。紧接着朝廷上的张又新、李续、张权舆、刘栖楚、李虞、程昔范、姜洽等人，全都依附于李逢吉，结成了党羽，被称为“八关十六子”。

在回京的路上，白居易见到“地薄桑麻瘦，村贫屋舍低。早苗多间草，浊水半和泥”的萧条景象，感到十分心痛，同时对当时的朝廷更加失望。到达洛阳后，白居易觉得自己走不动了。他上书要求分司东都，留在洛阳，并且有了在洛阳退隐的打算。

白居易用仅剩的银两，买了故散骑常侍杨凭的宅子，对其精心修葺了一番，并在里面栽了花、种了树。解决完房子的问题后，他有了重编自己文集的想法。他将这几年的新作加入当初在江州时的结集里，共计两千一百九十一首。由元稹代为编排，并作序，题名为《白氏长庆集》，一共五十卷。

这一年，白居易五十三岁，在白居易的文集中有一首诗《洛中偶作》，详细地描述了他这一段生活。

五年职翰林，四年莅浔阳。
一年巴郡守，半年南宫郎。
二年直纶阁，三年刺史堂。
凡此十五载，有诗千余章。
……
往往顾自哂，眼昏须鬓苍。
不知老将至，犹自放诗狂。

趣味延伸

清廉爱民的杭州刺史

白居易在杭州不仅勤政爱民，还十分清廉，诗歌《三年为刺史二首》之二中便写道："三年为刺史，饮水复食蘖。唯向天竺山，取得两片石。此抵有千金，无乃伤清白。"

不仅如此，白居易在卸任时还将自己省吃俭用节省的部分银两，存入了官库，作为继任者应急的备用金，这在当时的确是不可思议的。白居易为了杭州考虑得如此周到，难怪深受百姓们爱戴。

勤劳的打工人

牛僧孺等一干正直的官员看不惯唐敬宗的行为，却又畏罪权势不敢直言，于是在宝历元年（825）正月，纷纷要求外出为官。

这年三月，洛阳城的牡丹刚刚绽放，白居易还在“花满洛阳城”的美好之中，感叹“洛阳陌上少交亲，履道城边欲暮春”，朝廷一道诏书，命他赶往苏州，担任苏州刺史。这突如其来的任命书，打乱了白居易的计划，他不得不收拾东西，离开刚买的房子，前往苏州。三月二十九日，白居易从洛阳出发奔赴苏州。临行前，他还写下诗歌《除苏州刺史别洛城东花》。

乱雪千花落，新丝两鬓生。
老除吴郡守，春别洛阳城。
江上今重去，城东更一行。
别花何用伴，劝酒有残莺。

这一年，白居易已五十四岁。年过半百的他一路水陆跋涉，历经一个多月，终于在五月五日到达了苏州。

苏州地处长江下流，因城西四十里有姑苏山而得名，是春秋时吴国的都城，仅当年伍子胥所筑的外郭城就有四十七里。其人口稠密，土地肥沃，物产极其丰富，在当时号称“雄郡”。

白居易在青少年时期曾和父亲一起到过江南，那时候白居易的偶像韦应物、房孺复就分别担任苏州刺史和杭州刺史。当时白居易十分倾慕他们，还表示这辈子如果能像他们一样在苏州或杭州当官就足够了。(“异日苏、杭苟获一郡足矣”《吴郡诗石记》)现在，曾经的愿望竟然实现了，白居易自然很满足，也很兴奋。

白居易十分清楚，这次能够担任苏州刺史，离不开时任宰相李程、窦易直、裴度这三位好友的大力推荐。

苏州是富甲江南的大州，也是朝廷赋税仰给之地，白居易不想辜负好友的信任，深感自己肩上的责任重大。到达苏州后，他便像刚毕业的小青年一样，起早贪黑，全身心地投入当地的工作之中。

他经常是“清旦方堆案，黄昏始退公。可怜朝暮景，销在两衙中”（《秋寄微之十二韵》），甚至为了工作忘记自己的生活，“经旬不饮酒，逾月未闻歌”（《题笼鹤》）。

在唐朝，官府实行“旬假”制度，即每月上、中、下三旬，逢旬日则休假一天。即便这样，白居易还是持续忙了两个多月，才找到一个旬休之日，设盛宴款待自己的同僚。在宴会上，他赋

诗《郡斋旬假命宴呈座客示郡寮（自此后在苏州作）》一首，诗的结尾写道：“无轻一日醉，用犒九日勤。微彼九日勤，何以治吾民？微此一日醉，何以乐吾身？”

白居易到苏州还发现一个问题，苏州城内人口稠密，城西阊门到虎丘码头之间沼泽泛滥，百姓往来必须乘船或绕行，很是不便。白居易便挖掘河泥，在之前旧堤的基础上修建了一条更坚固的大堤，使从前的沼泽变成水陆两通的上毛街市，人们把这条堤也称为白公堤。长堤修好后，白居易很是高兴，甚至想“好住在堤上，长留一道春”。

《唐宋诗醇》中，后人对白居易给予了高度评价，表示白居易是经世之才，朝廷没有给予他充分展示能力的机会，实在可惜。

趣味延伸

惺惺相惜的“刘白”组合

到了苏州，白居易依旧保持着同好友互寄诗歌的习惯。在繁忙的公务之余，他很用心地给刘禹锡写了一首诗歌《答刘和州禹锡》。

换印虽频命未通，历阳湖上又秋风。
不教才展休明代，为罚诗争造化功。
我亦思归田舍下，君应厌卧郡斋中。
好相收拾为闲伴，年齿官班约略同。

和州在苏州的西北方，与苏州相距不远。刘禹锡与白居易同岁，而且才名也相当。然而自从被视为“永贞逆党”之后，便多年沦落烟瘴之地，仕途比白居易更加坎坷。诗中，白居易一方面替刘禹锡抱不平，另一方面也表达了对两个命运相似的人的相互怜悯之情。晚年白居易和刘禹锡走得比较近，被称为“刘白”。

身多疾病，卸任苏州

年过半百，到了快要退休的年纪，还要像年轻人一样拼命工作，白居易纵然心怀壮志，身体也难以承受。在超负荷工作的情况下，他很快就病倒了，眼疾尤为严重，几近失明，到了“散乱空中千片雪，蒙笼物上一重纱”的地步。然而繁重的公务却让他经常带病工作。有一次，他病得实在不行了，才请了十五天长假。

当年秋天，白居易趁着替皇帝拣选贡橘的机会，在太湖上流连了五六天，稍微恢复了一些精力。他本以为自己就此能恢复，但是到了第二年（826）春天，他因为此前喝酒伤了肺，一直咳嗽不止（“春来痰气动，老去嗽声深”），再加上不慎坠马摔伤了腰和脚，所以整个春天只得卧床不起。

此外，彼时朝廷赋税繁重，即便遭遇灾荒亦不准免除赋税，而白居易身为刺史要完成朝廷催租要税的任务，又不忍心看见老百姓生活贫苦，内心十分矛盾。身体病痛交加，再加上精神上的折磨，白居易对官场生活厌恶到了极点。他在诗歌《自咏五首》之三中表达了自己当时矛盾的心情。

公私颇多事，衰惫殊少欢。
迎送宾客懒，鞭笞黎庶难。
老耳倦声乐，病口厌杯盘。
既无可恋者，何以不休官。

一番深思熟虑之后，白居易终于在这年五月下旬，向朝廷请了百日长假。按当时的制度，官员请假超过一百天，就可以休官了。因此，白居易主动请百日长假，就意味着自动提出休官。

长假被批准后，白居易这才有时间好好欣赏一下苏州的美景。他在武丘寺、灵岩寺、馆娃宫、报恩寺、思益寺、楞伽寺、松江亭等地都留下了足迹。虽然时间宽裕了，但白居易紧绷的神经依旧没有放松。这年八月底，他突然做了一个噩梦，梦见自己被贬到岭南，在泥雨中艰难地跋涉。梦醒后，他依旧心有余悸，于是提笔写下了《宝历二年八月三十日夜梦后作》。

休完百日长假，当得知自己被批准休官时，白居易的内心十分激动，写下了诗歌《百日假满》。

心中久有归田计，身上都无济世才。
长告初从百日满，故乡元约一年回。
马辞辕下头高举，鹤出笼中翅大开。
但拂衣行莫回顾，的无官职趁人来。

至此，向往自由的白居易终于解脱了。

虽然急切地想休官，但是白居易对苏州和杭州的百姓还是十分有感情的。白居易自身清正廉明，在主政期间，也一直主张，政省刑宽，努力使州民获得了轻徭薄赋、休养生息的实惠。苏州的百姓对白居易十分爱戴，因此，当白居易经水路离开苏州时，纯朴的苏州百姓自发地聚在一起，夹岸相送，哭送十里，一直到大运河边的横塘驿站。那依依难舍的盛大场面，让白居易十分感动，于是写下了《别苏州》。

浩浩姑苏民，郁郁长洲城。
来惭荷宠命，去愧无能名。
青紫行将吏，班白列黎氓。
一时临水拜，十里随舟行。
饯筵犹未收，征棹不可停。
稍隔烟树色，尚闻丝竹声。

怅望武丘路，沉吟浒水亭。

还乡信有兴，去郡能无情。

趣味延伸

被铭记至今的苏州刺史

白居易由杭州刺史调任到苏州，理论上算是提拔，因为在唐朝，苏州是江南唯一的“雄州”，所谓“下有苏杭”，苏州是排在杭州前面的。白居易虽然在苏州的任期很短，但还是做了很多实事的。苏州的山塘街建有白居易纪念馆，而且至今还留有白居易修的七里长的石板路和环山河。由此可见，白居易留给苏州的那些温情而又实在的印记，苏州人至今都还珍惜着。

刘、白相逢同游扬州

白居易离开苏州时，苏州百姓依依惜别的场景，让时任和州刺史刘禹锡感触良多。他写下了《白太守行》对白居易给予了高度评价："闻有白太守，抛官归旧谿。苏州十万户，尽作婴儿啼。"

为此，白居易还给刘禹锡回了一首《答刘禹锡白太守行》，诗中谦虚地说："何乃老与幼，泣别尽沾衣。下惭苏人泪，上愧刘君辞。"

那时候，白居易和刘禹锡虽然相距较远，不能经常见面，但是两人之间的酬答唱和，拉近了他们彼此的距离。两人有相似的命运，也有相当的才华，交流起来总能找到共同的话题。

或许是上天爱才，于是给他们两人安排了一场偶遇。白居易卸任苏州刺史后，便踏上了回洛阳的旅程，结果恰巧在扬州遇上了任满返京的刘禹锡。这场意料之外的重逢，让两人欣喜不已。

他们携手走在扬州的大街小巷，欣赏扬州的美景，品尝扬州的美食，远离官场的纷扰，享受这宁静而美好的时光。这一刻，扬州就是美好的代名词。

两个文坛大家，吃饱喝足后，自然要展露一下自己拿手的才艺。当时，白居易写下七律诗歌《醉赠刘二十八使君》。

为我引杯添酒饮，与君把箸击盘歌。

诗称国手徒为尔，命压人头不奈何。

举眼风光长寂寞，满朝官职独蹉跎。

亦知合被才名折，二十三年折太多。

白居易用“国手”盛赞刘禹锡的诗才，并对他当初被视为“永贞逆党”而遭放逐，最后沦落二十三年之久表示惋惜与同情。

刘禹锡也写了诗歌《酬乐天扬州初逢席上见赠》回赠作答。

巴山楚水凄凉地，二十三年弃置身。

怀旧空吟闻笛赋，到乡翻似烂柯人。

沉舟侧畔千帆过，病树前头万木春。

今日听君歌一曲，暂凭杯酒长精神。

刘禹锡虽然饱经二十多年的岁月蹉跎，但他的诗歌格调依旧雄健有力，豪气不减。白居易看罢刘禹锡的诗，不由得赞叹道：“刘兄的诗歌豪情万丈，就像一把出鞘的宝刀，谁也挡不住你的锋芒。”

两人在扬州待了半个月，逛遍了扬州的风景名胜。最后还意犹未尽，于是两人又结伴一同乘船驶向楚州（今江苏淮安）。他们

一边赶路，一边游玩，“逢山辄倚棹，遇寺多题诗”（白居易《自问行何迟》），直到十二月，才到达楚州。此时的楚州刺史郭行馀是一个正直且颇有文采的人。他听闻刘、白二人同时到了自己的辖区，立刻设宴，热情地款待了他们。宾主朝觞夕咏，诗酒高会，气氛好不热闹。在郭行馀一再挽留之下，白居易和刘禹锡在楚州一直待到这一年年底才离开。

白居易原本可以经过徐州、宋州、汴州向洛阳进发，这样他和刘禹锡还可以继续同行，直到汴州再分开。但离乡多年的白居易思乡心切，想顺便去看看自己在新郑县东郭宅的故乡，于是两人只能依依惜别。

经历四十载，白居易又回到了自己的故乡，然而，此时的家乡再也不是白居易记忆中的模样。面对此情此景，白居易写下了《宿荥阳》（见前文）、《经溱洧》两首诗。

趣味延伸

风云突变的宝历二年

宝历二年（826），白居易在返乡途中，发生了两件大事：一件家事，一件国事。

那年冬天，白居易的弟弟白行简因病逝世。

当年十二月八日，荒淫无度的唐敬宗击球军将苏佐明等杀害。宦官刘克明等想要拥立绛王李悟，但是遭到了宦官王守澄、梁守谦等的反对。宦官王守澄、梁守谦发动神策飞龙兵入宫，杀害了刘克明、李悟，并拥立江王李涵（改名李昂）即位，史称唐文宗。

最后的帝都时光

大和元年（827）春天，白居易抵达洛阳后，便马不停蹄地收拾起此前购买的园林，准备在此处养老。然而，园林还没收拾完，刚即位的皇帝唐文宗李昂便给他发来了一道诏书。

那一天春光明媚，洛阳城里的牡丹花正含苞欲放，白居易被征到秘书省担任秘书监，并赐金紫。秘书省是我国古代专门管理国家藏书的中央机构，相当于国家图书馆，而秘书监则是秘书省的长官，相当于国家图书馆馆长，在当时是一个三品的大官。

唐文宗在即位之前就已经深知穆宗、敬宗两朝的弊端，并对朝廷的荒淫无度很是鄙夷。因此，他即位后便励精图治，一反穆、敬时期的弊政。他任用韦处厚为中书侍郎同平章事，任裴度并为宰相，并陆续起用了一些有能力的人，如任命崔群为兵部尚书、李绛为太常卿、崔植为户部尚书、钱徽为尚书右丞等。他的一系列操作，让众臣对日渐没落的大唐似乎又重新燃起希望。这些被起用的人大多数是白居易的旧友，而以白居易的才名，这时候想要继续在洛阳养老，自然没那么容易。

好在秘书省只是管理图书，不用管理政事，而且白居易当年的第一份工作便是在秘书省做校书郎，因此，他还是欣然接受了这个官职。有时候命运就是这么令人难以捉摸，白居易在外面漂泊了二十多年，最后又回到了原点，只不过当初那个小小的“编辑”，如今已经变成了“馆长”；当初那个意气风发的少年天才，如今已变成了一个体弱多病的白发老人。

白居易在秘书监的任上事情并不多，因此有了大把走亲访友的休闲时光，他有时去兴化里裴度处吟诗，有时去韦处厚处谈佛，

有时与远道而来的张籍彻夜长谈，当然交流最密切的就是自己的大舅哥职方郎中杨汝士，以及吏部侍郎庾敬休。按照白居易自己的说法，他不是在去杨家的路上，就是在去庾家的路上。

这些年来，白居易的同辈们，比如杜元颖、李程、令狐楚、牛僧孺、李绛、元稹、崔群等都已经当过宰相，甚至一些晚辈也后来居上，可是白居易却迟迟没能登上相位。这对白居易而言的确“意难平”。

这次回到长安，似乎又给了白居易一次弥补遗憾的机会。一来，唐文宗时期励精图治，有了白居易施展才华的舞台；二来，白居易的好友裴度、韦处厚刚当上宰相，对他很有帮助，即便大宦官王守澄、梁守谦、杨承和等想从中作梗，也不敢有所动作。此外，曾经背刺白居易的王涯，也已经外任。可以说，这段时期是白居易在官场生涯中离宰相之位最近的一次。

然而，命运似乎又和白居易开了一个大大的玩笑。大和二年（828）二月十九日，白居易由秘书监改为刑部侍郎。年少的时候，白居易还在《秦中吟十首》中讽刺过刑部的这些官员，说他们只知道征歌选舞，对于狱囚饥冻无动于衷。没承想，现在自己却成了其中的一员。为此，他还在诗歌《和

自劝二首》中写道："秋官月俸八九万，岂徒遣尔身温足。勤操丹笔念黄沙，莫使饥寒囚滞狱。"以此来告诫自己，让自己时刻警惕，不能同流合污。

趣味延伸

同时六学士，五相一渔翁

白居易晚年在诗歌《李留守相公见过，池上泛舟，举酒话及翰林旧事因成四韵以献之》表达了自己官场生涯的遗憾：

引棹寻池岸，移尊就菊丛。何言济川后，相访钓船中。

白首故情在，青云往事空。同时六学士，五相一渔翁。

诗歌中的"六学士"指的就是当年一同被任命为翰林学士的六人，现在六人中的裴垍、杜元颖、崔群、李绛，以及背刺过白居易的王涯，都当上了宰相，只有白居易成了一个闲散的"渔翁"。白居易并不比其他几人逊色，并且完全具备当宰相的条件。怎奈面对这唾手可得的相位，白居易最终还是失之交臂。这不得不令人遗憾。

无心宦海出走长安

刑部侍郎是刑部的二把手，虽然官阶（正四品下）略低于秘书监（从三品），但因其为尚书六部副长官之一，地位要比秘书监更高。

此时的朝廷，虽然在唐文宗即位后，稍微清明一些，但是宦官擅权、朋党倾轧等现象，依旧根深蒂固，一时间难以根除。

当时，德才兼备、正直无私的进士刘蕡参加贤良方正直言极谏科的考试，他在策文中痛斥宦官专权，主张除掉宦官。当时看过考卷的考官都对他的策论赞不绝口，然而最后都因害怕宦官的势力而作出了不予录取的决定。甚至连当时以刚直敢为著称的宰相裴度、韦处厚，也不敢公开支持刘蕡的直言。可见，宦官的势力，依旧强大到让人害怕的地步。

刘蕡落榜的事件，让一向守道不阿的白居易十分心寒。他深刻地认识到在这是非颠倒、纲纪紊乱的朝廷上，正直的官员都只能尸位素餐，难以有所作为。

白居易眼看着朝廷积弊颇深，自己拜相无望，而且身体每况愈下，离开官场的念头越发强烈，正如他在诗歌《晚从省归》中所说“终是不如山下去，心头眼底两无尘”。

大和二年（828）年底，在白行简逝世两周年祭礼上，白居易泪洒现场，并在《祭弟文》中表露了自己想要辞官的心境。

吾去年春授秘书监赐紫，今年春除刑部侍郎，孤苦零丁，又加衰疾，殆无生意，岂有宦情，所以僶俛至今，待终龟儿服制。今已请长告，或求分司，即拟移家，尽居洛下，亦是夙意，今方决行，养病抚孤，聊以终老。

当时，白居易已经是第二次请百日长假，进一步表明了自己离开朝廷的决心。此外，在大和二年（828）十二月到第二年正月的半个月时间内，白居易的好友中书侍郎同平章事韦处厚、京兆尹孔戢、华州刺史崔植、吏部尚书致仕钱徽相继去世，这让白居易感到人生无常，情绪更加消沉。

这时候的白居易已经五十七岁。俗话说："江湖越老，胆子越小。"面对险恶的官场，他感到力不从心，甚至对其产生了深深的恐惧。他年轻气盛时，即便被贬也在所不惜，但是现在不一样了，如果让他再来一次贬谪，他那饱受病痛折磨的身体，怕是再也回不来了。因此，白居易下定决心要退休。

大和三年（829）春天，白居易休完百日长假之后，便立刻上报朝廷，再次以太子宾客分司东都的身份，离开了长安。

临别时，裴度等白居易在长安的朋友们，集会在兴化里池亭为白居易送别。为此，白居易写下了《长乐亭留别》一诗。

灞浐风烟函谷路，曾经几度别长安。

昔时蹙促为迁客，今日从容自去官。

优诏幸分四皓秩，祖筵惭继二疏欢。

尘缨世网重重缚，回顾方知出得难。

白居易这次出都，是最后一次离开这里。直到后来逝世，他再也没有回过长安。

趣味延伸

李商隐哭刘蕡

刘蕡，字去华，幽州昌平县人（今北京昌平西沙屯村）。史书上说，他博学多才，精于研读《左氏春秋》，知兴亡，生性耿介，疾恶如仇，沈健于谋，浩然有救世意。刘蕡应贤良方正直言极谏科考试没有被录取后，令狐楚、牛僧孺爱惜他的正直与才华，都召用他为自己的秘书，并以师礼相待。后来，著名诗人李商隐与他在兴元令狐楚幕中相识，并产生了深厚的友谊。然而，刘蕡还是被宦官诬害，贬为柳州司户参军，最终客死异乡。对刘蕡贬谪而冤死，李商隐极为悲痛，一连写了四首诗哭吊，其中《哭刘蕡》一诗，无不让人流泪、惋惜。

寂寞的中隐生涯

元、白再聚，老年得子

大和三年（829）春，白居易以太子宾客分司东都的身份，正式回到了洛阳。当踏进那心心念念的庭院时，白居易内心的激动与满足无以言表，于是写下了诗歌《归履道宅》。

驿吏引藤舆，家童开竹扉。
往时多暂住，今日是长归。
眼下有衣食，耳边无是非。
不论贫与富，饮水亦应肥。

在诗中，白居易表示，自己以往都只能像租客一样在这里暂住，现在终于可以长住了。没有温饱上的困扰，又远离了是非之地，这样无忧无虑的生活即使只喝水都能胖两斤。不得不说，白居易心情好了，幽默起来也是一个“玩梗”高手。

茶余饭后，白居易便在那幽静闲适的院子里，回想自己这大半生的经历，一种充满智慧的处世哲学便油然而生——这就是“中隐”。他在诗歌《中隐》中，说道：

大隐住朝市，小隐入丘樊。

丘樊太冷落，朝市太嚣喧。

不如作中隐，隐在留司官。

似出复似处，非忙亦非闲。

不劳心与力，又免饥与寒。

终岁无公事，随月有俸钱。

……

人生处一世，其道难两全。

贱即苦冻馁，贵则多忧患。

唯此中隐士，致身吉且安。

穷通与丰约，正在四者间。

《旧唐书·白居易传论赞》中，说到白居易的襟抱与精神境界都高出同时代随俗俯仰的士大夫。“中隐”的思想让白居易回到洛阳之后的心境变得十分恬适，也让他快速适应了退休生活。

大和三年（829）九月，元稹由浙东观察使改为尚书左丞，入京时路过洛阳，久未谋面的“元白”组合，再一次有了相聚的机会。面对多年老友，白居易特地取来新酿的黄醅酒，与元稹一起畅饮叙怀。

回望白居易与元稹相识的三十余年，虽然常有书信交流，但一直是别多聚少。

元和五年（810），元稹被贬为江陵士曹，在沣上一别。

元和十四年（819），忠州路上在峡州再别。

长庆三年（823），元稹赴越州在杭州和白居易三别。

白居易在《酬别微之》一诗中写道："沣头峡口钱唐岸，三别都经二十年……犹被分司官系绊，送君不得过甘泉。"

元稹在《过东都别乐天二首》中云："自识君来三度别，这回白尽老髭须。恋君不去君须会，知得后回相见无？"

好不容易再聚，立马又要分别。离别时，白居易一直将元稹送到临都驿，这才依依不舍地分开。这一年，白居易五十八岁，元稹五十一岁，两个年过半百的老人，竟然到现在都还没有儿子。两人不禁为此感慨万千。然而，让人想不到的是，就在这年冬天，两人竟然各得一子。

白居易的儿子叫阿崔，元稹的儿子叫道保。老年得子的白居易喜不自胜，对阿崔关怀备至、关爱有加。

他在《喜老自嘲》《阿崔》等诗歌中，将自己对阿崔的关爱及喜悦之情，描写得生动形象、细致入微，"腻剃新胎发，香绷小绣襦。玉芽开手爪，酥颗点肌肤"，就像是一边抱着小孩细细端详，一边做记录一样。特别是诗歌的结尾，满心欢喜中又不知不觉地透露出对未来的忧虑，将父母为孩子而焦虑的心情，体现得淋漓尽致："乳气初离壳，啼声渐变雏。何时能反哺，供养白头乌？"即便是身处现代的父母也是如此。就连从来不用为了养娃而担忧的清朝乾隆皇帝读后，都赞叹不已，并忍不住说道：“这温柔中又带着些许心酸的话语，只有白居易能写得出来。”

趣味延伸

酿酒行家白居易

白居易除了号“香山居士”，还经常以“醉吟先生”自喻，他不仅爱酒，对于酿酒也颇有见地。说起白居易的酿酒历史，则要追溯到他十一岁的时候。那时白居易随母亲将家搬到了符离县，并在那里结识了一生求而不得的湘灵姑娘。湘灵姑娘的父亲陈乙天是一位擅长酿酒、会看风水的先生，于是少年白居易经常跟陈乙天学酿酒。据说，他在酿酒方面悟性极高，一点便通，很快就学会了自酿美酒。

后来，白居易在为母丁忧期间，开始自己酿酒。他在诗歌《咏家酝十韵》中说他家酿酒既有杜康的旧法，又有陈乙天的新妙方，烧酒用的是九月初九的井水，酵曲为七月上旬所做……宜城的竹叶青酒太浊，新丰的石榴红酒色味不纯真。他自家的“远远乡”酒香醇浓郁、品质出众，甜中带辣，喝了令人浑身舒畅，回味长久。相传，白居易与湘灵最后一次相逢时，白居易得知湘灵一直未嫁人，自责不已，于是将那坛名为“远远乡”的定情酒和诗歌《夜雨》赠给了湘灵姑娘。湘灵父女回符离后，便开了一家酒坊，酒坊名字就叫“远远乡”。陈湘灵时常将所酿的“远远乡”酒赠予众邻乡亲饮用，直到清朝时，还有除夕赠送“远远乡”酒的故事在符离一直流传，为百姓所乐道称颂。

永别与重逢

在唐文宗期间，牛李党争愈演愈烈，绝大部分朝臣都卷入其中。他们在牛僧孺和李德裕之间选边站队，使得朝廷分成两派，斗争激烈。

前文有说到，白居易与两边的人都有交情，比如“牛党”的牛僧孺、李宗闵、杨虞卿；“李党”的元稹、李绅、刘禹锡等。白居易无心参与这种政治斗争，每天只是隐居家中观花看鸟，逗逗小阿崔，除了偶尔出去游玩一下，基本上处于闭门索居状态。

白居易以为这辈子就这样平平静静、无忧无虑地过下去了。不承想，大和四年（830）十二月，一个大雪纷飞的早晨，正守着暖炉烤火的白居易再一次收到朝廷的诏书——被任命为河南尹。

接到任命书的白居易犹豫了许久，最后还是接受朝廷的诏令去就职。然而，他上任的第一年就遭受了许多打击。

大和五年（831），六十一岁的白居易突然收到了噩耗——他那不到三岁的儿子阿崔夭折了。老年得子的喜悦一下子变成了老年丧子的悲痛。白居易常常在夜里独自徘徊，望着天空中那颗最亮的星星，仿佛那是阿崔在天堂看着他。白居易将对阿崔的思念，写进了《哭崔儿》《初丧崔儿报微之晦叔》《府斋感怀酬梦得》等诗歌之中。阿崔的一颦一笑、一哭一闹始终萦绕在他的心头，似乎阿崔一直在他的怀里，从未离开。只是在午夜梦回中，他会猛然发觉自己“怀抱又空天默默，依前重作邓攸身”，他回想起自己漂泊流离的半生，不由得感叹道：“文章十帙官三品，身后传谁庇荫谁？”

悲痛中的白居易将阿崔的死讯，告诉了元稹。不料大和五年（831）七月二十二日，元稹突然暴病而亡，享年五十三岁。

白居易比元稹还大几岁，他没有想到，那日洛阳一别，竟然成了永别。悲痛之余，白居易写下了《哭微之二首》《祭微之文》《元相公挽歌词三首》等怀念元稹的诗歌。大和六年（832），他又为元稹写了墓志铭。当时，元稹的家人还把元稹的遗物，如臧获、舆马、绫帛和银鞍玉带等总价值六七十万贯的物品，送给白居易作为写墓志铭润笔费。白居易

觉得他和元稹的友谊不应当用这些来衡量，于是再三推辞，不肯接受。最后在推辞不过的情况下，他将这笔钱物捐给了香山寺，作为重新修葺香山寺的费用，并写了《修香山寺记》一文。

这年冬天，刘禹锡由礼部郎中改为苏州刺史，赴任途中在洛阳小住了十五天。于是，继“元白”组合永别之后，“刘白”组合又迎来了短暂的重逢。他们在湖上泛舟，在柳下对饮，在山中高歌，在月下对诗……

这一次重逢，慢慢驱散了白居易心中的阴霾，让白居易收获了短暂的快乐。虽然相聚时间很短暂，但两人的友谊却日渐加深。白居易给刘禹锡写下了《送刘郎中赴任苏州》《福先寺饯别刘苏州》《醉中重留梦得》等诗歌，而刘禹锡也给白居易和了《赴苏州酬别乐天》《赠乐天》《福先寺雪中酬别乐天》《醉答乐天》等诗歌。

之后，他们还将两人相互写的诗歌整理出版为《刘白唱和集》，该诗集一共有三卷，每首诗歌都见证了他们的友谊。

趣味延伸

河南尹是个什么样的官

在唐朝，河南尹是东都洛阳所在州的行政长官，负责管理河南地区的所有政务。其职责包括但不限于巡属县、劝农桑、观民风、录囚徒、阅丁口、考官吏、纠不法、举贤才等。在唐朝官吏的迁转运作过程中发挥极其重要的作用，其地位仅次于京兆尹，历来都是当朝执政者十分重视的一个官职，同时也是各方政治势力争相拉拢的对象。

落寞的香山居士

大和五年（831）的冬天，天气特别寒冷，即使守着火红的暖炉，喝着新酿的黄酒，白居易也无法驱除心中的寒意。太多的生离死别，让他的心情低落到了极点。一个大雪纷飞的夜晚，枯黄的油灯之下，白居易用那双枯槁的手，一针一线地为自己缝制了一件御寒的绫袄。当绵软舒适的绫袄披在身上时，白居易的心情却又突然沉重起来：“我是有绫袄了，可是那些仍处在寒冷之中的百姓怎么办？只恨自己无法缝出万丈长的大裘，不能将整个洛阳都盖住！”

他在诗歌《新制绫袄成感而有咏》中写道：

水波文袄造新成，绫软绵匀温复轻。

晨兴好拥向阳坐，晚出宜披踏雪行。

鹤氅毳疏无实事，木棉花冷得虚名。

宴安往往叹侵夜，卧稳昏昏睡到明。

百姓多寒无可救，一身独暖亦何情！

心中为念农桑苦，耳里如闻饥冻声。

争得大裘长万丈，与君都盖洛阳城！

诗歌中“万丈裘”的人道理想，与杜甫的《茅屋为秋风所破歌》中“千间厦”有异曲同工之妙。

即使在身心都受到重创的情况下，白居易依旧能够心系百姓，时刻关心百姓的疾苦，这是十分难得的。在白居易的努力下，这一年河南郡取得了大丰收。年底，白居易在府衙内举行了一场大型的“庆功年会”，邀请了所有同僚，一起诗酒宴游，庆祝丰收。

在宴会中，他与同僚欢快畅饮，并写下了《府酒五绝·变法》。

自惭到府来周岁，惠爱威棱一事无。

唯是改张官酒法，渐从浊水作醍醐。

这一次，喝得酩酊大醉的白居易似乎打开了新世界的大门。此后，他几乎日日饮酒，所写诗歌也篇篇不离酒。

他以醉吟为事，将心中的悲痛与落寞，寄托在了诗酒之上，似乎只有在酒精的麻痹下，才能忘却痛苦，才有勇气生活下去。然而，生活中的不幸并不会因为他的饮酒而消失。到了他这个年龄，注定要面对许多生离死别。

大和六年（832）八月，白居易的另一个好友崔群不幸病逝。崔群、白居易、刘禹锡三人同岁，平时有很多共同话题。而且崔群还多次提拔过白居易，因此两人的感情十分深厚。崔群在洛阳的房子毗邻白居易的房子。他们曾经约定好，退休后一起在这里养老。不承想，他还没等到退休，便先走一步了。

看着昔日老友一个个离去，白居易的心中倍感孤独。他在《寄刘苏州》的诗歌中写道：

> 去年八月哭微之，今年八月哭敦诗。
>
> 何堪老泪交流日，多是秋风摇落时。
>
> 泣罢几回深自念，情来一倍苦相思。
>
> 同年同病同心事，除却苏州更是谁。

白居易在《祭崔相公文》中用写实笔法，回忆他与崔群之间的种种往事，“以忠相勉，以义相箴。朝案同食，夜床并衾……”感情真挚，让人为之动容。

大和六年（832）十二月，与白居易同年的进士兼好友杜元颖，由于在西川节度使任上，有南诏侵入成都西郊，被皇帝责授循州司马，结果却死在了循州。白居易闻此消息，不由得感叹道：

> 同岁崔何在，同年杜又无。
>
> 应无藏避处，只有且欢娱。

故人纷纷逝世，使得白居易晚年的悲伤之情与日俱增，他感到自己的余年无几，一股凄凉与落寞占据他的心头。

内心的孤寂让白居易逐渐喜欢上了寺庙中的幽静。这一年，白居易在把元稹家人给的润笔费捐给香山寺的同时，也把自己在洛阳十二年所写的八百首诗，编辑十卷，取名《白氏洛中集》，一同放在了香山寺藏经堂内。从此，他自号“香山居士”，闲暇之余就会到香山寺长住。

趣味延伸

白居易与香山九老

“香山九老”指的是唐朝诗人白居易与胡杲、吉旼、刘真、郑据、卢慎、张浑、李元爽、禅僧如满九位老者。他们对当时朝廷的腐败极为不满，看不惯世俗，又志趣相投，于是退身隐居，远离世俗，忘情山水，耽于清淡。白居易常与这些老友，在洛阳香山聚会宴游。在一次宴会之中，白居易为了纪念那段美好时光，便请画师将他们的聚会场景画了下来，并题上每个人的姓名、年龄，命名为《九老图》。后来，他们九人也被称为“香山九老”。

“香山九老”的故事曾成为中国文化史上的一段风雅韵事，体现了古代文人雅士的隐逸思想，他们远离官场的纷扰，追求悠闲自得的生活方式，给自然山水刻上了浓厚的人文印记。历代以“香山九老”为题材的绘画作品层出不穷。

再授太子宾客分司

在大和年间，牛李朋党之争进入了白热化阶段。

大和六年（832）十二月，牛僧孺罢相，改充淮南节度使。他在赴淮南途中，经过洛阳。元和三年（808），牛僧孺参加制科考试的时候，白居易是当时的考官，按照当时流行的说法，牛僧孺称得上是白居易的门生。因此，两人经常以亦师亦友的身份自居。当牛僧孺路过洛阳时，白居易带地方官员为其举行了一场盛大的欢迎仪式，并自豪地说："万人开路看，百吏立班迎。阃外君弥

重，尊前我亦荣。何须身自得，将相是门生。”

牛僧孺罢相后，仅过了两个月，也就是大和七年（833）二月，“李党”的领袖人物李德裕便担任了宰相。李德裕上任后，对“牛党”进行了疯狂打压。李宗闵被罢相出任山南西道节度使，给事中杨虞卿、中书舍人杨汝士、户部郎中杨汉公、中书舍人张元夫、左散骑常侍张仲方、给事中萧澣等，也全部被驱逐朝廷，被迫外任。

虽然白居易极力拒绝卷入党争，但李德裕一直看白居易不顺眼，加上白居易与牛僧孺关系比较好，便打心眼儿里认为他是“牛党”。为了让自己免遭迫害，同时也确实无心官场，这一年，白居易又请了一次长病假。病假结束后，他便正式提交了离职申请。同年四月，白居易辞去河南尹的官职，再次被授予太子宾客分司的身份。这是一个闲职，基本上就等于拿薪水养老了。

白居易辞去河南尹之后没多久，他的另一个好友崔玄亮也在谏议大夫的任上，请长假回到了洛阳。崔玄亮和白居易、元稹都是同一年考中的进士，而且经过吏部铨选考试后，两人同时授秘书省校书郎，因此关系很好。崔玄亮来到洛阳后，经常和白居易一起饮酒赋诗。

两个年过花甲的老人都已经对官场彻底地失去了兴趣，他们聚在一起只想怎么游山玩水，颐养天年。因此，白居易在诗中说“归来不说秦中事，歇定唯谋洛下游”。诗中的“秦中事”指的是大和五年（831）宦官和朝臣间的一次大规模斗争。当时宰相宋申锡被郑注构陷而入大狱，因此事被处死和流窜的达数百人之众，而宋申锡幸亏有崔玄亮苦谏，才免于一死，被贬为开州司马。此次见面，崔玄亮没有说起这件事，这正表明他对当时的朝廷已经感到无奈，失去了兴趣。

白居易原本以为崔玄亮能够在洛阳留下来，还盼望着刘禹锡也能来就好了。可是，世事难料，崔玄亮假满之后，被改为虢州刺史，在这年七月便不幸逝世了。崔玄亮的墓志铭也是白居易亲笔所写。

眼看着自己的故人越来越少，白居易在精神上备受煎熬。他在《哭崔常侍晦叔》一诗中道：

垂老忽相失，悲哉口语心。

春日嵩高阳，秋夜清洛阴。

丘园共谁卜，山水共谁寻？

风月共谁赏，诗篇共谁吟？

花开共谁看，酒熟共谁斟？

……

吾道自此孤，我情安可任？

唯将病眼泪，一洒秋风襟！

趣味延伸

白居易与牛僧孺的“师门情谊”

当年，牛僧孺在参加制科考试的时候，白居易是当时的考官。因此，牛僧孺称得上是白居易的门生。后来，白居易在仕途上也受过牛僧孺许多恩惠。比如，当年罢杭州刺史后，担任太子左庶子分司东都，以及这次当上河南尹，都因牛僧孺当时正好是宰相，对他有所关照。虽然白居易在主观上不愿意卷入党争，但一些客观上的事实，又总难免被动地卷入其中。因此，白居易后来一心想远离朝廷，过“中隐”生活，也有一种可能是为了及早抽身，远离祸端。面对名利的诱惑，白居易始终保持着清醒的头脑，不为所动。

风暴过后两鬓成霜

辞去河南尹之后，白居易算是过上了退休生活，他每天在自己的小园子里浇浇花、除除草，偶尔和朋友一起喝喝酒、写写诗，这样平静而悠闲的日子好不自在。白居易似乎已经过上了自己想要的生活。但有一次，白居易在与好友张仲方、舒元舆同游龙门时，写了《秋日与张宾客、舒著作同游龙门，醉中狂歌凡二百三十八字》表露了自己的真实心境：“丈夫一生有二志，兼济独善难得并。不能救疗生民病，即须先濯尘土缨。”

他早年总想着“兼济天下”，现在发现自己没能做到，只好退而求其次，急流勇退，独善其身。由此可见，白居易的“悠闲”，不过是对现实的妥协，尽管他现在已经过上悠然自得的生活，但是依然心系百姓。

这年冬天，洛阳气候特别寒冷，白居易看到外面那霜风裂面、冰雪摧轮的场景，不由得心生担心。自己现在有吃有喝，在家里并不觉得寒冷，那外面的百姓呢？他在诗歌《岁暮》中写道："洛城士与庶，比屋多饥贫。何处炉有火，谁家甑无尘。如我饱暖者，百人无一人。安得不惭愧，放歌聊自陈。"

自己虽然做了三品大官，但都没能改变老百姓的现状，想到这些，白居易便不觉惭愧起来。他只能在迷茫中不断安慰自己，既然改变不了百姓的生活，那就做一个独善其身的隐者吧。

白居易讨厌那些年事已高还贪恋权位、不肯退位的官员。为此，他还写过诗歌《老戒》。

我有白头戒，闻于韩侍郎。

老多忧活计，病更恋班行。

矍铄夸身健，周遮说话长。

不知吾免否，两鬓已成霜。

白居易告诫自己，决不做一个尸位素餐的人。白居易是这样想的，也是这样做的。大和九年（835）九月，皇帝再次下诏书任命白居易为同州（今渭南大荔）刺史，但被白居易拒绝了。

没想到，白居易拒绝任命同州刺史后，皇帝改命刘禹锡接任。这年十一月，刘禹锡从汝州赴同州，经过洛阳时，再度与白居易相逢。白居易盛情邀请他多玩几天再走。

这段时间，白居易在洛阳深居简出，除了偶尔与裴度、刘禹锡等好友饮酒赋诗，大部分时间都在整理自己的诗集。他先是把自己创作的

三千二百五十五首诗歌，整理成七帙，共六十五卷，并取名《白氏文集》，将其收藏在了洛阳圣善寺钵塔院律疏库楼里。这是白居易一生的心血。白居易对其非常爱惜，而且在题记中说明，这部文集是“不出院门，不借官客，有好事者任就观之”的。

几年后，白居易再次整理了一遍自己的文集。这一次，除了一本家藏，还另外录有三本：一本已经放在洛阳圣善寺钵塔院，另一本放在庐山东林寺经藏中，第三本放在苏州南禅院千佛堂内。由此可见，没有谁能够随随便便成功，白居易每一首经典诗篇的背后都有成百上千首诗文在支撑着它。

惊叹过后，我们再回到朝廷的视角。

唐文宗即位后，深感朋党之争与宦官专权对朝廷的危害之大，决心将他们彻底铲除。于是，他起用李训、舒元舆、王涯、贾悚四人为宰相，企图用李训、郑注除去宦官，用贾悚、舒元舆来破朋党。他们先将“李党”领袖李德裕贬为袁州长史，然后将“牛党”灵魂人物李宗闵贬为潮州司户，再逐步将所有涉及党争的人员逐斥。紧接着，他们将新政初期一向被排挤的旧人，像裴度、令狐楚、郑覃等，全部召回了朝廷，并授以很高的爵位。理所当然地，才华横溢的白居易也进入了唐文宗想要召回的人员名单。不过，此时白居易已经无心官场。

罢黜完那些与朋党相关的官员之后，唐文宗开始磨刀霍霍地转向了宦官。他先是将西川监军杨承和、淮南监军韦元素、河东监军王践言流放到岭南，然后派人将他们赐死；接着采用李训计谋将杀害唐宪宗的宦官山南东道监军陈弘志召还到青泥驿并将其杖杀；将已死的崔潭峻剖棺鞭尸；然后，又与李训、郑注密谋，鸩杀了大宦官王守澄。

一套组合拳下来，他们取得了不错的成效，这让他们信心倍增，于是，开始酝酿起更大的计划，想要彻底解决危害已久的宦官之祸。一场血雨腥风的政治风波即将上演！

趣味延伸

白居易的“中隐”生活

白居易任江州司马时，特别羡慕陶渊明的生活，于是在庐山脚下买了一块地建造别墅，准备在这儿安享晚年。他说，“待予异日弟妹婚嫁毕，司马岁秩满，出处行止，得以自遂。则必左手牵妻子，右手抱琴书，终老于斯，以成就我平生之志”。意思是，等我把弟弟妹妹的婚事办了，我就左手牵着老婆孩子，右手抱着古琴和古书，在这里颐养天年了。

白居易在做忠州刺史的时候，在城东买了一块地，起名叫东坡，每天看人在上面种植各色花草，然后静静地欣赏，最后离开忠州时，他还写诗说自己很挂念东坡的那些树。

闲居洛阳的时候，白居易又在洛阳的郊外大力营造了白园。

其实，白居易的志向并不是真的要做个隐士，他一开始是向往为君为国为民做出一番事业的，“致君尧舜上，再使风俗淳”，但是现实总未能如愿，他“所恨凌烟阁，不得画功名”。不过，白居易是一个很会调节自我的人，他将“达则兼济天下，穷则独善其身”的文人理念，运用得炉火纯青。居庙堂之高时，就赤诚报君恩，为国为民为天下；处江湖之远时，就抚琴赏花，自得其乐。

最后的光芒

当年的刘禹锡，一定会感谢白居易将他苦苦挽留在洛阳，远离长安，躲过了一场祸事。

大和九年（835），二十七岁的唐文宗将除掉宦官头目仇士良的计划提上了日程。不料，他所倚重的李训、郑注等人为争功内斗，计划败露。这场谋划不仅没能除掉宦官，还导致朝廷六百多名官员被无辜牵连，惨遭杀害。

这场政变史称“甘露之变”，最终以唐文宗的惨败告终。仇士良在这场政变中将李训、王涯、

贾悚、舒元舆等与此事有关联的官员残忍杀害。为了防止其后人报复，仇士良还将他们家中的妇孺儿童也一并诛杀了，受株连被杀的有一千多人。

事变那天，白居易正在香山寺游览。惊闻事变，他开始为与自己交厚的同僚痛哭，慢慢平静之后，他又开始感叹幸好自己及早隐退躲过了这场浩劫。

“甘露之变”后，唐文宗遭到了软禁，成为傀儡，朝廷的军政大权，全部掌握在了宦官的手里，就连宰相也变成了一个写行文书的工具。开成五年（840），年仅三十一岁的唐文宗抑郁而终。

唐文宗死后，仇士良、鱼志弘等废除太子，立李炎为皇帝，即唐武宗。唐武宗即位后，很欣赏白居易的才学，有心将他提拔为宰相。当时正受宠的李德裕却说：“白居易年老体衰干不了什么事。”一再反对白居易担任宰相。

虽然与宰相失之交臂，但此时的白居易心中并没有太多波澜，因为在他生命中还有许多事情比当宰相

更重要。

会昌二年（842），白居易七十一岁。前一年，他百日假满，罢去了太子少傅分司之职。这年七月，刘禹锡逝世，“刘白”组合至此解散。白居易在诗歌《感旧》中说自己“平生定交取人窄，屈指相知唯五人”，可是现在李建、元稹、崔玄亮、刘禹锡已经先后离去，只剩下他一人在孤寂的荒原里感叹：“人生莫羡苦长命，命长感旧多悲辛。”

刘禹锡的离世，让白居易倍感孤独，更不幸的是，这一年，他的女婿也去世了，女儿阿罗守寡后，便回到了父亲家中。这一年白居易没有官俸，生活开始变得艰难，父女俩相依为命，日子过得很是冷清凄凉，白居易甚至打算变卖田宅。

会昌三年（843）春天，七十三岁的白居易到东郊赵村看杏花。当见到那来往人群与绽放的花朵时，他突然感慨道：“七十三人难再到，今春来是别花来。”就在春天即将过去时，白居易的生活发生了转机，唐武宗下诏让他以刑部尚书致仕，从此，他开始了领取退休金的悠闲生活。

人生七十古来稀，尽管白居易深感留给自己的时间已所剩无几，但他依然想在最后的时光里，为这片土地上的百姓再尽一份力。

白居易晚年经常在香山寺留宿，在这里他能远远看到伊河航道险峻，其中有一段叫八节滩，狭窄难行，是往来船夫们的噩梦。每次行至此处，船夫们都不得不冒着严寒跳入水中，艰难地推挽船只，才能勉强通过。尽管如此，船破人亡的事故还是时有发生。白居易目睹这一切，夜不能寐。会昌四年（844），他决定筹集资金，凿通这段艰难的水路。

为了这个工程，他付出了无数的汗水和努力，最后终于顺利完工。当看到百姓们在这片水域畅通无阻地通行时，他倍感欣慰，仿佛所有辛苦都得到了回报。他在那首《开龙门八节石滩诗二首》中深情地写道：

七十三翁旦暮身，誓开险路作通津。

夜舟过此无倾覆，朝胫从今免苦辛。

十里叱滩变河汉，八寒阴狱化阳春。

我身虽殁心长在，暗施慈悲与后人。

烈士暮年，壮心不已，白居易在暮年，再次闪耀出“兼济天下”的理想光辉。

时光流转，会昌六年（846）三月，唐武宗不幸逝世，宦官拥立李怡（后改名李忱）为皇帝，即唐宣宗。就在这年八月，白居易在悄然中与世长辞。家人怀着悲痛的心情，遵照他的遗嘱，将他安葬在了洛阳龙门山如满和尚塔旁边，让他得以与这片他深爱的土地永远相伴。

唐宣宗得知白居易死讯后，惋惜不已，赐谥“文”，赠尚书右仆射，给予白居易至高无上的殊荣，并且悲痛之余，他还提笔写下了字字啼血的悼亡诗《吊白居易》。

缀玉联珠六十年，谁教冥路作诗仙。

浮云不系名居易，造化无为字乐天。

童子解吟长恨曲，胡儿能唱琵琶篇。

文章已满行人耳，一度思卿一怆然。

白居易的一生，如同一颗璀璨的星辰，照亮了那个时代的天空；他的精神，如同一座不朽的丰碑，永远屹立在人们心中。白居易虽已离去，但他的名字，将永远铭刻在历史的长河中，成为后人敬仰的典范。

相传，白居易死后，凡是经过龙门的人，都要来到白居易的墓前洒酒祭奠。因此，白居易墓前的泥土永远是湿的。

趣味延伸

甘露之变

835年，李训、郑注受唐文宗倚重，手中权力日盛。唐文宗原计划在安葬王守澄的时候，由郑注从凤翔引兵护葬，然后李训奏请使中尉以下的宦官都到浐水送葬。等他们到达之后，便关上城门，由郑注带兵把宦官全数诛杀。

当时，李训为了巩固自己的势力，将重臣舒元舆、王涯、贾餗拉入阵营，并将郑注派遣到凤翔做节度使。他觉得，如果按照这个计划，事成之后功劳便全是郑注的，担心今后他的地位会超过自己，便私自找到舒元舆、王涯等人，又定了一条计策。

他们先放出消息说左金吾卫衙门后院的石榴树上夜里有甘露，唐文宗假装疑惑前去，命担任左右中尉的大宦官仇士良、鱼志弘等先去验看。等仇士良等人到金吾厅的时候，把宦官一网打尽。然而，当仇士良被带到院内的时候，看将军韩约神情紧张且大汗淋漓，立即提高警惕。恰好这时候有一阵微风将庭院中的帐幔吹起，彻底暴露了藏在帐幔后面的士兵。宦官见状，立刻吓得四散奔逃。仇士良在混乱中大喊："你们是要造反吗？"顿时恐吓住了旁人，趁机逃了出去。

仇士良成功逃跑后，立刻挟拥唐文宗奔向内宫，并指挥神策军反杀出来。神策军见人就砍，一时间，宫内乱作一团，喊杀声、哭喊声交织在一起，六百多名官员被无辜牵连，惨遭杀害。李训逃出到周至，仍被斩首。郑注按照约定从凤翔带兵接应，中途得知京城有变，赶紧回师凤翔，但仍没逃脱被斩首的命运。